Metafísica do Cristianismo

A Alma de Jesus revelada no Pai-nosso

Huberto Rohden

TEXTO INTEGRAL

5ª Edição modificada

A ortografia deste livro foi atualizada segundo o Acordo Ortográfico da Língua Portuguesa (1990), que passou a vigorar em 2009.

COLEÇÃO A OBRA-PRIMA DE CADA AUTOR

Metafísica do Cristianismo

A Alma de Jesus revelada no Pai-nosso

Huberto Rohden

TEXTO INTEGRAL

MARTIN CLARET

Ano da primeira publicação: 1955.

CONSELHO EDITORIAL
Martin Claret

PRODUÇÃO EDITORIAL
Taís Gasparetti

CAPA
Ilustração: Sepia Christ, Richard Paul Kane / Shutterstock

MIOLO
Revisão: Isaías Zilli / Alexander Barutti A. Siqueira
Projeto gráfico: José Duarte T. de Castro
Editoração eletrônica: Editora Martin Claret
Impressão e acabamento: PSI7

Dados Internacionais de Catalogação na Publicação (CIP)
(Câmara Brasileira do Livro, SP, Brasil)

Rohden, Huberto, 1893-1981.
Metafísica do cristianismo / Huberto Rohden. — São Paulo: Martin Claret, 2011. — (Coleção a obra-prima de cada autor; 314)

"Texto integral"
ISBN: 978-85-7232-815-9

1. Cristianismo 2. Cristianismo - Filosofia
I. Título. II. Série.

11-05402 CDD-230.1

Índices para catálogo sistemático:

1. Metafísica do cristianismo 230.1

EDITORA MARTIN CLARET LTDA.
Rua Alegrete, 62 – Bairro Sumaré – CEP: 01254-010 – São Paulo – SP
Tel.: (11) 3672-8144 – Fax: (11) 3673-7146
www.martinclaret.com.br / editorial@martinclaret.com.br

1ª REIMPRESSÃO - 2011

Sumário

Metafísica do Cristianismo

Textos complementares

A história do livro e a coleção "A obra-prima de cada autor"

MARTIN CLARET

Que é o livro? Para fins estatísticos, na década de 1960, a UNESCO considerou o livro "uma publicação impressa, não periódica, que consta de no mínimo 56 páginas, sem contar as capas".

O livro é um produto industrial.

Mas também é mais do que um simples produto. O primeiro conceito que deveríamos reter é o de que o livro como objeto é o veículo, o suporte de uma informação. O livro é uma das mais revolucionárias invenções do homem.

A *Enciclopédia Abril* (1972), publicada pelo editor e empresário Victor Civita, no verbete "livro" traz concisas e importantes informações sobre a história do livro. A seguir, transcrevemos alguns tópicos desse estudo didático.

O livro na Antiguidade

Antes mesmo que o homem pensasse em utilizar determinados materiais para escrever (como, por exemplo, fibras vegetais e tecidos), as bibliotecas da Antiguidade estavam repletas de textos gravados em tabuinhas de barro cozido. Eram os primeiros "livros", depois progressivamente modificados até chegarem a ser feitos — em grandes tiragens — em papel impresso mecanicamente, proporcionando facilidade de leitura e transporte. Com eles, tornou-se possível, em todas as épocas, transmitir fatos, acontecimentos históricos, descobertas, tratados, códigos ou apenas entretenimento.

Como sua fabricação, a função do livro sofreu enormes modificações dentro das mais diversas sociedades, a ponto de constituir uma mercadoria especial, com técnica, intenção e utilização determinadas. No moderno movimento editorial das chamadas sociedades de consumo, o livro pode ser considerado uma mercadoria cultural, com maior ou menor significado no contexto socioeconômico em que é publicado. Enquanto mercadoria, pode ser comprado, vendido ou trocado. Isso não ocorre, porém, com sua função intrínseca, insubstituível: pode-se dizer que o livro é essencialmente um instrumento cultural de difusão de ideias, transmissão de conceitos, documentação (inclusive fotográfica e iconográfica), entretenimento ou ainda de condensação e acumulação do conhecimento. A palavra escrita venceu o tempo, e o livro conquistou o espaço. Teoricamente, toda a humanidade pode ser atingida por textos que difundem ideias que vão de Sócrates e Horácio a Sartre e McLuhan, de Adolf Hitler a Karl Marx.

Espelho da sociedade

A história do livro confunde-se, em muitos aspectos, com a história da humanidade. Sempre que escolhem frases e temas, e transmitem ideias e conceitos, os escritores estão elegendo o que consideram significativo no momento histórico e cultural que vivem. E, assim, fornecem dados para a análise de sua sociedade. O conteúdo de um livro — aceito, discutido ou refutado socialmente — integra a estrutura intelectual dos grupos sociais.

Nos primeiros tempos, o escritor geralmente vivia em contato direto com seu público, que era formado por uns poucos letrados, já cientes das opiniões, ideias, imaginação e teses do autor, pela própria convivência que tinham com ele. Muitas vezes, mesmo antes de ser redigido o texto, as ideias nele contidas já haviam sido intensamente discutidas pelo escritor e parte de seus leitores. Nessa época, como em várias outras, não se pensava na enorme porcentagem de analfabetos. Até o século XV, o livro servia exclusivamente a uma pequena minoria de sábios e estudiosos que constituíam os círculos intelectuais (confinados aos mosteiros durante o começo da Idade Média) e que tinham acesso às bibliotecas, cheias de manuscritos ricamente ilustrados.

Com o reflorescimento comercial europeu, nos fins do século

XIV, burgueses e comerciantes passaram a integrar o mercado livreiro da época. A erudição laicizou-se e o número de escritores aumentou, surgindo também as primeiras obras escritas em línguas que não o latim e o grego (reservadas aos textos clássicos e aos assuntos considerados dignos de atenção). Nos séculos XVI e XVII, surgiram diversas literaturas nacionais, demonstrando, além do florescimento intelectual da época, que a população letrada dos países europeus estava mais capacitada a adquirir obras escritas.

Cultura e comércio

Com o desenvolvimento do sistema de impressão de Gutenberg, a Europa conseguiu dinamizar a fabricação de livros, imprimindo, em cinquenta anos, cerca de 20 milhões de exemplares para uma população de quase 10 milhões de habitantes, cuja maioria era analfabeta. Para a época, isso significou enorme revolução, demonstrando que a imprensa só se tornou uma realidade diante da necessidade social de ler mais.

Impressos em papel, feitos em cadernos costurados e posteriormente encapados, os livros tornaram-se empreendimento cultural e comercial: os editores passaram logo a se preocupar com melhor apresentação e redução de preços. Tudo isso levou à comercialização do livro. E os livreiros baseavam-se no gosto do público para imprimir, principalmente obras religiosas, novelas, coleções de anedotas, manuais técnicos e receitas.

Mas a porcentagem de leitores não cresceu na mesma proporção que a expansão demográfica mundial. Somente com as modificações socioculturais e econômicas do século XIX — quando o livro começou a ser utilizado também como meio de divulgação dessas modificações e o conhecimento passou a significar uma conquista para o homem, que, segundo se acreditava, poderia ascender socialmente se lesse — houve um relativo aumento no número de leitores, sobretudo na França e na Inglaterra, onde alguns editores passaram a produzir obras completas de autores famosos, a preços baixos. O livro era então interpretado como símbolo de liberdade, conseguida por conquistas culturais. Entretanto, na maioria dos países, não houve nenhuma grande modificação nos índices porcentuais até o fim da Primeira Guerra Mundial (1914/18), quando surgiram as primeiras grandes tiragens de um só livro, principalmente romances, novelas e textos didáticos. O número elevado de cópias, além de baratear o preço da unidade, difundiu ainda mais a literatura. Mesmo assim, a maior parte da população de muitos países continuou distanciada, em parte porque o livro, em si, tinha sido durante muitos séculos considerado objeto raro, atingível somente por um pequeno número de eruditos. A grande massa da população mostrou maior receptividade aos jornais, periódicos e folhetins, mais dinâmicos e atualizados, e acessíveis ao poder aquisitivo da grande maioria. Mas isso não chegou a ameaçar o livro como símbolo cultural de difusão de ideias, como fariam, mais tarde, o rádio, o cinema e a televisão.

O advento das técnicas eletrônicas, o aperfeiçoamento dos métodos fotográficos e a pesquisa de materiais praticamente imperecíveis fazem alguns teóricos da comunicação de massa pensarem em um futuro sem os livros tradicionais (com seu formato quadrado ou retangular, composto de folhas de papel, unidas umas às outras por um dos lados). Seu conteúdo e suas mensagens (racionais ou emocionais) seriam transmitidos por outros meios, como por exemplo microfilmes e fitas gravadas.

A televisão transformaria o mundo todo em uma grande "aldeia" (como afirmou Marshall McLuhan), no momento em que todas as sociedades decretassem sua prioridade em relação aos textos escritos. Mas a palavra escrita dificilmente deixaria de ser considerada uma das mais importantes heranças culturais, entre todos os povos.

Através de toda a sua evolução, o livro sempre pôde ser visto como objeto cultural (manuseável, com forma entendida e interpretada em função de valores plásticos) e símbolo cultural (dotado de conteúdo, entendido e interpretado em função de valores semânticos). As duas maneiras podem fundir-se no pensamento coletivo, como um conjunto orgânico (onde texto e arte se completam, por exemplo, em um livro de arte) ou apenas como um conjunto textual (onde a mensagem escrita vem em primeiro lugar — em um livro de matemática, por exemplo).

A mensagem (racional, prática ou emocional) de um livro é sempre intelectual e pode ser revivida a cada momento. O conteúdo, estático em si, dinamiza-se em função da assimilação das palavras pelo leitor, que pode discuti-las, reafirmá-las, negá-las ou transformá-las. Por isso, o livro pode ser considerado instrumento cultural capaz de liberar informação, sons, imagens, sentimentos e ideias através do tempo e do espaço. A quantidade e a qualidade de ideias colocadas em um texto podem ser aceitas por uma sociedade, ou por ela negadas, quando entram em choque com conceitos ou normas culturalmente admitidos.

Nas sociedades modernas, em que a classe média tende a considerar o livro como sinal de *status* e cultura (erudição), os compradores utilizam-no como símbolo mesmo, desvirtuando suas funções ao transformá-lo em livro-objeto. Mas o livro é, antes de tudo, funcional — seu conteúdo é que lhe dá valor (os livros de ciências, filosofia, religião, artes, história e geografia, que representam cerca de 75% dos títulos publicados anualmente em todo o mundo).

O mundo lê mais

No século XX, o consumo e a produção de livros aumentaram progressivamente. Lançado logo após a Segunda Guerra Mundial (1939/45), quando uma das características principais da edição de um livro eram as capas entreteladas ou cartonadas, o livro de bolso constituiu um grande êxito comercial. As obras — sobretudo *best sellers* publicados algum tempo antes em edições de luxo — passaram a ser impressas em rotativas, como as revistas, e distribuídas nas bancas de jornal. Como as tiragens elevadas permitiam preços muito baixos, essas edições de bolso popularizaram-se e ganharam importância em todo o mundo.

Até 1950, existiam somente livros de bolso destinados a pessoas de baixo poder aquisitivo; a partir de 1955, desenvolveu-se a categoria do livro de bolso "de luxo". As características principais destes últimos eram a abundância de coleções — em 1964 havia mais de duzentas, nos Estados Unidos — e a variedade de títulos, endereçados a um público intelectualmente mais refinado. A essa diversificação das categorias adiciona-se a dos pontos de venda, que passaram a abranger, além das bancas de jornal, farmácias, lojas, livrarias, etc. Assim, nos Estados Unidos, o número de títulos publicados em edições de bolso chegou a 35 mil em 1969, representando quase 35% do total dos títulos editados.

Proposta da coleção "A Obra-Prima de Cada Autor"

"Coleção" é uma palavra há muito tempo dicionarizada e define o conjunto ou reunião de objetos da mesma natureza ou que têm alguma relação entre si. Em um sentido editorial, significa o conjunto não limitado de obras de autores diversos, publicado por uma mesma editora, sob um título geral indicativo de assunto ou área, para atendimento de segmentos definidos do mercado.

A coleção "A Obra-Prima de Cada Autor" corresponde plenamente à definição acima mencionada. Nosso principal objetivo é oferecer, em formato de bolso, a obra mais importante de cada autor, satisfazendo o leitor que procura qualidade.*

Desde os tempos mais remotos existiram coleções de livros. Em Nínive, em Pérgamo e na Anatólia existiam coleções de obras literárias de grande importância cultural. Mas nenhuma delas superou a célebre biblioteca de Alexandria, incendiada em 48 a.C. pelas legiões de Júlio César, quando estas arrasaram a cidade.

A coleção "A Obra-Prima de Cada Autor" é uma série de livros a ser composta por mais de 400 volumes, em formato de bolso, com preço altamente competitivo, e pode ser encontrada em centenas de pontos de venda. O critério de seleção dos títulos foi o já estabelecido pela tradição e pela crítica especializada. Em sua maioria, são obras de ficção e filosofia, embora possa haver textos sobre religião, poesia, política, psicologia e obras de autoajuda. Inauguram a coleção quatro textos clássicos: *Dom Casmurro*, de Machado de Assis; *O Príncipe*, de Maquiavel; *Mensagem*, de Fernando Pessoa; e *O lobo do mar*, de Jack London.

Nossa proposta é fazer uma coleção quantitativamente aberta. A periodicidade é mensal. Editorialmente, sentimo-nos orgulhosos de poder oferecer a coleção "A Obra-Prima de Cada Autor" aos leitores brasileiros. Nós acreditamos na função do livro.

* Atendendo a sugestões de leitores, livreiros e professores, a partir de certo número da coleção começamos a publicar, de alguns autores, outras obras além da sua obra-prima.

Metafísica do Cristianismo

A Alma de Jesus revelada no Pai-nosso

Advertência

A substituição da tradicional palavra latina *crear* pelo neologismo moderno *criar* é aceitável em nível de cultura primária, porque favorece a alfabetização e dispensa esforço mental — mas não é aceitável em nível de cultura superior, porque deturpa o pensamento.

Crear é a manifestação da Essência em forma de existência — *criar* é a transição de uma existência para outra existência.

O Poder Infinito é o *creador* do Universo — um fazendeiro é *criador* de gado.

Há entre os homens gênios *creadores*, embora não sejam talvez *criadores*.

A conhecida lei de Lavoisier diz que "na natureza nada se *crea* e nada se aniquila, tudo se transforma"; se grafarmos "nada se *crea*", esta lei está certa, mas se escrevemos "nada se *cria*", ela resulta totalmente falsa.

Por isso, preferimos a verdade e clareza do pensamento a quaisquer convenções acadêmicas.

Prefácio

A mensagem quase bimilenar do Cristo está entrando, em nossos dias, na adultez da sua cristicidade cósmica, depois de ter atravessado um longo período de infância e adolescência de cristianismo teológico.

O que o Nazareno disse, há quase 20 séculos, em pleno paganismo e judaísmo, não podia ser compreendido devidamente por aquela humanidade primitiva. Apenas um ou outro espírito intuitivo atingiu a excelsitude da mensagem do Cristo, que visa antes a uma humanidade final do que inicial. A mensagem do Evangelho incidiu em pleno barbarismo pagão do Império Romano e em pleno ritualismo judaico de Israel.

A mensagem do Cristo é da mais elevada metafísica e não foi compreendida pela humanidade de 2000 anos atrás. Por isso, os chefes espirituais resolveram apresentar a metafísica cósmica do Evangelho em forma de uma pedagogia teológica, visando a moralizar o homem primitivo. Deus, o Cristo, o homem, a vida após a morte — tudo foi vazado em moldes infantis, "leite para crianças", diria Paulo de Tarso.

Sobretudo, a ideologia da redenção ou salvação apareceu em forma de pedagogia infantil: satanás, o antideus, fez cair o homem no pecado, e o Cristo, Filho de Deus, veio para libertar o homem do poder do diabo. A perdição do homem vinha de fora, de um fator alheio — e por isso a redenção devia também vir de fora, de um fator alheio.

Dois mil anos são para a evolução da humanidade o que dois anos são para a criança individual.

A evolução vai com passos mínimos a espaços máximos.

Verdade é que, durante esses 20 séculos, sempre houve gênios espirituais que anteciparam séculos futuros e vislumbraram a alma divina da mensagem do Cristo.

Em nossos tempos aparece um número cada vez maior de homens que, para além do cristianismo teológico, vislumbram a cristicidade espiritual. Cada vez maior se torna a fome de uma experiência direta de Deus, em vez de uma simples crença em doutrinas sobre Deus.

Essa intuição experiencial é de uma elite ainda muito pequena em comparação à grande massa dos que não conseguem ultrapassar a crença tradicional.

Essa elite espiritual da cristandade sabe que redenção é autorredenção, e autorredenção é Cristo-redenção, e Cristo-redenção é redenção pelo Cristo interno que está presente em todo ser humano.

Segundo o Evangelho do Cristo, essa autorredenção consiste no despertamento da consciência do Cristo e de uma vivência de acordo com esta Cristo-experiência.

A oração do Pai-nosso visa especialmente a essa conscientização do Deus no homem.

As teologias eclesiásticas professam até hoje uma ou outra forma de alorredenção — quando o Evangelho do Cristo só conhece autorredenção. Um setor do nosso cristianismo ensina redenção por meio de objetos e fórmulas sagradas, reminiscência dos antigos "mistérios" do Império Romano, cujos centros eram Delfos, Eleusis, os Templos de Ísis e Osíris, os órficos, os pitagóricos, etc. Era crença geral do paganismo que certos ritos esotéricos — em grego *mysterion*, em latim *sacramentum* — conferiam pureza e santidade ao homem, quando ministrados por pessoas idôneas.

Outro setor da cristandade, contagiado pela ideologia judaica, optou por uma alorredenção pelo sangue. O "bode expiatório" de Israel foi humanizado na pessoa de Jesus de Nazaré. Um Deus sanguinário, ofendido pelos pecados do homem, exigia como preço de reconciliação o sangue de um ser inocente — fosse animal, como na Sinagoga, fosse um homem sem pecado, como na teologia. Em qualquer hipótese, a redenção do homem era feita por meio de sangue alheio, uma alorredenção.

Desde o início, certas palavras de Jesus foram interpretadas neste sentido de alorredenção sacramental, ou de alorredenção sanguinária, ainda que o próprio Cristo tenha proclamado unicamente uma autorredenção, uma purificação e santificação do homem pelo espírito de Deus que nele habita.

Em última análise, todas as teologias cristãs, deste ou daquele setor, admitem alorredenção por sangue alheio. Divergem apenas no tocante ao modo da aplicação desse sangue ao homem; para alguns, essa aplicação é feita por meio de objetos sacramentais, para outros, ela é feita por um ato de fé ou crença nesse sangue alheio.

Tomás de Aquino, considerado o maior teólogo cristão, escreve que uma única gota de sangue de Jesus seria suficiente para redimir de todos os crimes a humanidade inteira.

Toda essa problemática gira em torno do antiquíssimo problema da natureza humana: que é o *homem*?

Nos séculos IV e V da Era Cristã, dois teólogos, Agostinho, o africano, e Pelágio, o monge britânico que vivia em Roma, travaram violento duelo mental sobre o como da redenção: Pelágio defendia a antroporredenção, redenção pelo poder do livre-arbítrio humano — ao passo que Agostinho só defendia Teorredenção, redenção pelo poder da graça divina; Deus salva o homem, o homem só se pode perder por si mesmo, mas não se pode salvar por si mesmo.

Possivelmente, toda essa polêmica entre os dois teólogos cristãos, que marcou época e ocasionou Concílios, se baseava num equívoco, ou numa obscuridade, sobre a natureza do homem: se Pelágio entendia por antroporredenção o ego humano, não podia Agostinho aceitar essa redenção. Mas, se ele entendia o Eu divino como redentor, concordava, na essência, com o pensamento do filósofo africano. Infelizmente, os dois contendores nunca se definiram claramente sobre o que eles entendiam por "homem". A criança obedece necessariamente a uma heteronomia (lei alheia); somente o homem adulto se guia por uma autonomia (lei própria). O homem espiritualmente infantil só pode crer em alorredenção heterônoma; mas o homem espiritualmente maduro compreende uma autorredenção autônoma.

O homem culto dos nossos dias admite tanto o homem-pecador como o homem-redentor, porque conhece a bipolaridade da natureza humana.

A parábola dos talentos é uma deslumbrante apoteose da possibilidade da autorredenção do homem. Os dois primeiros servos — o dos cinco e o dos dois talentos — *crearam* valores próprios pelo seu livre-arbítrio, e são chamados "servos bons e fiéis", que entraram "no gozo do seu senhor"; atualizaram as suas potencialidades, autorredimiram-se; Deus os fez autorredimíveis, e eles se fizeram autorredimidos. O terceiro servo, porém, embora autorredimível, não se autorredimiu, e é chamado "servo mau e preguiçoso", e perdeu a sua potencialidade de homem autorredimível.

Na parábola da videira aparece o Cristo interno como redentor do homem que conscientizou esse *autós* divino e viveu de acordo com ele.

Aliás, no "primeiro e maior de todos os mandamentos", toda a redenção e santificação do homem é atribuída à consciência mística revelada em vivência ética; e nestes "dois mandamentos" consistem toda a lei e os profetas", consiste a redenção ou realização do homem integral. Com nenhuma palavra alude Jesus a um sacramento-redenção ou a uma sangue-redenção; para ele, toda a redenção é uma autorredenção pela experiência divina e pela vivência humana, pela mística do amor vertical (primeiro mandamento) revelada pela ética do amor horizontal (segundo mandamento).

No início do 4º século nasceram as teologias cristãs. E, como pelo menos 90% do cristianismo primitivo era formado de povos bárbaros e escravos do Império Romano, os chefes espirituais se viram obrigados a adaptar as grandes verdades da mensagem do Cristo à mentalidade desses neófitos. Desde esse tempo, a palavra "Pai" foi tomada fundamentalmente em sentido hominal, embora altamente sublimada. E desse conceito personalista de Deus se originou a ideia da alorredenção do homem.

Para compreendermos a imagem teológica dessa redenção, podemos servir-nos da comparação seguinte: Deus se sentia ofendido pelo homem pecador. O devedor era insolvente, incapaz de pagar o seu débito ao credor divino. Apareceu então o único homem sem dívida e emitiu uma espécie de cheque a favor da humanidade devedora. O preço da redenção era o seu próprio sangue, oferecido a um Deus que só aceitava reconciliação por meio de sangue. O sangue do "bode expiatório" de Israel foi então substituído pelo sangue do único homem sem pecado. Sendo que o cheque do sangue de Jesus é de infinito valor, todos os pecados da humanidade são pagos por ele. Todo homem pode endossar para si esse cheque e assim libertar-se da sua dívida para com Deus, consoante o conceito teológico escrito por um teólogo do primeiro século: "O sangue de Jesus nos purifica de todo o pecado".

O modo de endossar esse cheque difere de teologia a teologia: para uns, esse endossamento é feito por meio de sacramentos; para outros, é por um ato de fé. Em qualquer hipótese a redenção é uma alorredenção, porque o pagador do débito não é o próprio homem, mas um fator alheio.

Essa teoria teológica de redenção peca por várias suposições insustentáveis: 1) Admite que Deus possa ser ofendido — quando ser ofendido supõe mentalidade mesquinha; quanto maior é um ser tanto menos ofendível é ele. Até homens, como Mahatma Gandhi, chegaram ao ponto de ignorar qualquer ofensa; 2) Essa suposta impossibilidade de autorredenção supõe que o homem seja integralmente mau, o que nenhuma sã filosofia ou psicologia admitem, uma vez que o homem é pecador somente no seu ego humano, mas redentor no seu eu divino; 3) É flagrantemente absurdo supor que o homem, dotado de livre-arbítrio, possa ser redimido por um fator alheio a ele mesmo, o que seria a total negação da autonomia espiritual do homem.

Toda a realização, redenção ou salvação do homem consiste essencialmente em dois pontos: oração e renúncia. São as duas asas sobre as quais a alma se ergue a Deus.

"Orai sempre — e nunca deixeis de orar."

"Quem não renunciar a tudo o que tem não pode ser meu discípulo."

A oração permanente é, hoje em dia, chamada cosmo-meditação, ou Cristo-conscientização, ou vivência na consciência cósmica, sem a qual é impossível a plena realização do homem.

Quando o Mestre exige: "Quem não renunciar a tudo que tem não pode ser meu discípulo", visa ele, em primeiro lugar, não à renúncia aos bens *objetivos*, mas sim ao bem *subjetivo* do nosso ego, que é o nosso grande mal. Quem não renunciou ao seu ego *pessoal* não pode renunciar aos objetos *impessoais*, e, ainda que a estes renunciasse, não seria uma renúncia perfeita, mas uma renúncia forçada e dolorosa. Uma renúncia feita com dolorosidade não é uma renúncia garantida. Renúncia perfeita é somente aquela que se faz com alegria e espontaneidade — e esta renúncia aos objetos impessoais só é possível na base de uma renúncia ao ego pessoal. Quem renunciou a seu ego subjetivo não encontra nenhuma dificuldade na renúncia aos bens objetivos, que é um simples corolário daquela.

O homem desegoficado é um homem desobjetivado.

Através de todo o Pai-nosso vai essa ideia da realização do homem pela consciência mística transbordando em vivência ética, como passaremos a ver nas páginas seguintes.

"Quando quiserdes orar"

Todas as religiões do mundo são unânimes em recomendar a oração. É este talvez o único ponto em que não há heresias. Paganismo, judaísmo, islamismo, cristianismo — todos praticam a oração.

Que quer dizer "orar"?

Muitas pessoas só entendem por orar pedir algo a Deus; só se lembram de orar quando estão em apuros, quando as coisas da vida vão mal; mas, quando tudo vai bem, não acham necessário orar. Deus é, para eles, um expediente de última hora, uma espécie de servo às ordens, cuja principal função é atender às necessidades dos homens.

Mas, para homens de experiência profunda, orar não é primariamente pedir *algo* — é realizar *alguém*, é autorrealização. A função da oração é, para eles, um postulado vital, uma espécie de respiração da alma; eles compreendem a ordem do Mestre: "Orai sempre, e nunca deixeis de orar", como se alguém lhes dissesse: Respirai sempre, e nunca deixeis de respirar, porque sem respiração não podeis viver.

"Orar" é derivado da palavra latina *os* (genitivo: *oris*) que quer dizer boca. Orar é abrir a boca. A alma que ora crea uma abertura rumo ao Infinito, porque está com fome e espera receber alimento de Deus.

Rezar, isto é, recitar, consiste em atos intermitentes — ao passo que orar é uma atitude permanente da consciência. E, por ser atitude vital, é compatível com qualquer ocupação exterior.

"Orar sempre" se refere a uma atitude permamente, a um modo de ser da alma, comparável à atitude de uma planta que volta as folhas ao sol a fim de ser por ele vitalizada.

O principiante necessita de certos lugares e de certas horas para orar, ao passo que o homem de experiência superior vive em oração permanente. E verifica que orar e trabalhar não são duas coisas incompatíveis uma com a outra. Pelo contrário, ele faz a experiência de que o trabalho exterior é beneficiado pela atitude de oração; as coisas, outrora prosaicas, são aureoladas de um halo de suave poesia, e as ocupações antipáticas se tornam simpáticas.

A vida de Jesus é essencialmente uma vida de oração permanente. A primeira palavra que o Evangelho refere de Jesus, aos doze anos, revela atitude de oração: "Não sabíeis que eu devo estar nas coisas que são de meu Pai?". Essas "coisas do Pai" se referem aos três dias que o menino passou em silêncio e oração.

Uma das últimas palavras de Jesus agonizante é uma oração: "Pai, em tuas mãos entrego o meu espírito".

Lucas resume os dezoito anos da adolescência de Jesus, em Nazaré, nesta única frase: "E Jesus foi crescendo em sabedoria e graça perante Deus e os homens". E não terá esse longo período, mais da metade da sua vida terrestre, sido de oração e meditação no meio dos trabalhos?

Antes de iniciar a sua vida pública, retira-se Jesus ao deserto e passa quarenta dias em oração.

Durante os três anos da sua vida pública, referem os Evangelhos a cada passo: "Ao pôr do sol retirou-se Jesus a um monte e passou toda a noite em oração com Deus".

A sua transfiguração no Tabor ocorre durante a oração.

A sua agonia, no Getsêmane, é acompanhada de oração, e ele pede a seus discípulos que orem.

Na santa ceia, o Mestre ora.

Ao subir aos céus, ele dá ordem a seus discípulos que permaneçam em oração constante até que venha sobre eles o espírito da verdade.

Orar era, para ele, um estado permanente de consciência cósmica, uma vivência na realidade do Cristo, obliterando quase totalmente a consciência telúrica do seu Jesus humano. No Tabor, durante a oração, a luz intensa do Cristo cósmico lucificou totalmente os invólucros opacos do corpo de Jesus, que se tornaram inteiramente transparentes. É o poder transfigurante da verdadeira oração.

Um dia, os discípulos lhe pediram: "Mestre, ensina-nos a orar, assim como também João ensinou a seus discípulos".

É estranho que os discípulos façam esse pedido, quando o culto religioso de Israel constava principalmente de orações. Evidentemente, os discípulos de Jesus entendem por "orar" algo diferente daquilo que se praticava no Templo e na Sinagoga, antes uma atitude permanente do que atos intermitentes.

Por isso, o Pai-nosso não é a simples recitação verbal das sete petições dessa oração, mas sim um roteiro espiritual para orientar a alma.

* * *

A forma externa do Pai-nosso revela alto senso estético: no início, uma invocação; depois, três petições de profunda verticalidade mística, seguidas de quatro petições de vasta horizontalidade ética; e o todo é encerrado pelo misterioso "amém" ou "aum" dos hindus.

Graficamente, poderíamos representar a forma desta oração do seguinte modo:

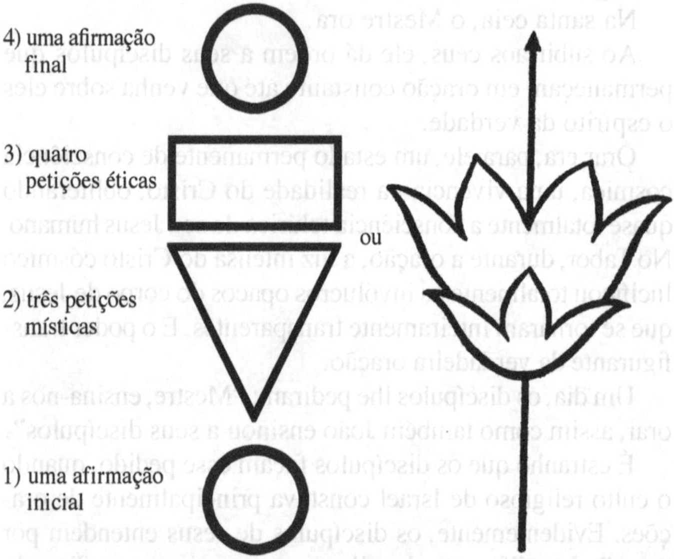

A explicação do Pai-nosso que damos neste livro, embora em forma meramente analítica, é apenas o corpo externo dela. A alma viva para vivificar esse corpo tem de ser dada pelo próprio leitor. O orante deve a tal ponto abrir-se ao Infinito que seja invadido pela alma divina do Universo. Depois de ser, preliminarmente, egopensante, deve o orante tornar-se cosmopensado. Se for totalmente pervadido pela alma divina do cosmos, acabará por ser também cosmopensante, agindo e vivendo em nome do Pai, consoante as palavras de Jesus: "As obras que eu faço não sou eu que as faço, é o Pai em mim que faz as obras".

E então verificará o que é "orar sempre". A oração permanente lhe será como um prana vitalizante que sua alma respira e pela qual entra numa vida que ignora nascimento e morte.

E essa vida principia aqui e agora — e não terminará jamais.

A vida eterna nascida da oração permanente.

“Pai nosso que estás nos céus”

Quando um homem profere a palavra “pai”, entende uma personalidade; e quando diz “céu”, entende uma localidade.

E, por mais que alargue as fronteiras das ideias pai e céu, não ultrapassará jamais os limites de tempo e espaço.

E essa limitação inevitável lhe fecha as portas para a compreensão daquilo que Jesus entendia por pai e céu, que não são alargamentos de algo finito, mas a total negação de qualquer finitude.

Pai e céus não são algo palpável nem imaginável; são o próprio Infinito e Eterno, quando invadem o homem na medida da sua invadibilidade.

Quem não se torna invadível não será invadido pela verdade daquilo que o Mestre entende por pai e céus.

Enquanto o orante é egopensante, egovivente, egoagente, não pode ele ser invadido pela verdade, porque permanece na estreita dimensão de tempo e espaço.

O importante é que o homem “ore”, isto é, abra a boca da alma rumo ao Infinito, porque a verdade sobre pai e céus não é algo *factível*, mas tão somente *recebível*. Nenhuma análise intelectual pode descobrir a verdade; somente a intuição espiritual pode receber a revelação da verdade. “Não sou eu que faço as obras — é o Pai em mim que as faz.”

Pai não é pessoa, céu não é lugar. Os céus, como dizem os textos sacros (não céu), são sinônimo de Infinito, Absoluto, Todo. Se o Pai está nos céus, ele é onipresente. A presença de uma personalidade, por mais vasta que seja, é sempre uma presença local, limitada; é uma parcipresença, nunca uma onipresença. Aliás, a palavra latina "persona" quer dizer "máscara". A Realidade Absoluta não pode ser mascarada; o Infinito não pode ser finitizado.

Sabemos que a Divindade Transcendente existe nas creaturas como Deus Imanente; que a ilimitada Essência está presente em todas as Existências limitadas. Mas essa existencialização da Essência não afeta a natureza da Essência, que continua Infinita, Ilimitada, Onipresente em todo e qualquer recipiente finito, limitado, porquanto "o recebido está no recipiente segundo a capacidade do recipiente". O recipiente finito da creatura não limita o recebido infinito do Creador; mas o recipiente finito não tem a consciência total do Todo, que nele está; o recipiente tem apenas uma consciência parcial do Total e age "como se" a onipresença do Infinito fosse uma parcipresença finita.

A Divindade não é quantidade, mas pura qualidade. Uma quantidade pode estar parcialmente presente e parcialmente ausente; mas a qualidade Infinita é sempre totalmente presente; não pode estar parcialmente presente e parcialmente ausente, nem pode estar totalmente ausente, mas está sempre totalmente presente. A qualidade não é divisível em partes; ela é um Todo Indivisível.

Por isso, a Divindade — que Jesus chama Pai — é totalmente presente no Todo e totalmente presente em qualquer parte. O Creador está totalmente presente em qualquer creatura, embora a creatura não tenha consciência dessa presença, ou tenha dela apenas uma consciência parcial.

Parece que na natureza infra-hominal não há consciência alguma da presença da Divindade, ao passo que no homem pode haver uma consciência, maior ou menor, dessa Presença Total. A evolução ascensional do homem consiste em aumentar progressivamente o grau de consciência que ele tem da presença da Divindade. Mas, por mais que o homem alargue a consciência da presença do Deus imanente nele, nunca essa consciência coincidirá integralmente com a presença da Divindade; se coincidisse, seria o homem finito a Divindade Infinita.

De maneira que, quando o homem diz conscientemente: "Pai que estás nos céus", ele reconhece a presença de Deus em si e lhe abre as portas da sua alma para que o Pai possa entrar livremente em sua consciência. Deus não entra na alma humana sem que esta o convide para entrar, porque Deus respeita o livre-arbítrio do homem. A maior glória do homem consiste em ser livremente bom. As creaturas da natureza são automaticamente boas, porque Deus as fez assim, e elas não se podem fazer outras. O homem, porém, quando é bom, é livremente bom, porque poderia ser livremente mau.

A maior grandeza de Deus se revela no fato de dar ao homem a possibilidade de ser livremente bom — e a maior grandeza do homem consiste em ser livremente bom, quando poderia ser também livremente mau. Tamanha é a confiança que Deus tem em seu próprio poder que pode dar a uma creatura a liberdade de ser seu adversário; e quando uma creatura, possivelmente contradeus, se torna livremente pró-Deus, então a potência divina celebra o zênite da sua onipotência, porque aparentemente se tornou impotente em face duma creatura prepotente.

É com esta disposição que o homem deve iniciar a sua oração: Pai dos céus! Que revelas o máximo do teu poder e do teu amor em me teres dado a liberdade de tomar atitude pró ou contra ti; eu tomo atitude a teu favor, meu Pai, e isto livremente, não porque assim *devo*, mas porque assim *quero*. O meu espontâneo *querer* supera o meu compulsório *dever*. Nem tomo essa atitude diante de ti, porque de ti receio castigo ou espero prêmio, mas unicamente por amor de ti mesmo. Não por amor do que *tens*, mas por amor do que *és*. Não pela esperança do que me podes *dar*, mas por amor do teu próprio *ser*. Nada, por amar-te, de ti espero; e ainda que céu e inferno não houvesse, o mesmo que eu te amo eu te amaria.

Pai nosso que estás nos céus...

"Pai, santificado seja o Teu nome!"

Depois de nos dizer, das profundezas da sua experiência pessoal, o que é o Pai e o que são os céus, passa Jesus a desdobrar essa experiência em sete petições — como que interpondo entre o foco solar e a nossa vista um prisma cristalino a dispensar-lhe a intensa luz incolor na suave faixa septicolor do arco-íris. As três primeiras petições têm caráter altamente *metafísico* e referem-se diretamente ao reino de Deus, ao passo que as outras quatro revelam índole *ética*, dizendo da atitude que o homem deve tomar em face dessas verdades supremas.

Por outra, as três primeiras petições são, por assim dizer, *verticais*, intersectando as outras quatro, *horizontais*, formando assim o mais perfeito símbolo da universalidade ou totalidade: +, sinal que, em física, quer dizer "positivo"; em matemática, "mais"; nas religiões esotéricas e místicas, "infinito"; e no Cristianismo, "redenção". De fato, nessa prece está contido tudo que é positivo, mais, infinito, redentor — síntese e quintessência da Realidade Cósmica.

* * *

"Pai, santificado seja o Teu nome!"

Esta primeira das três petições metafísico-místicas é a mais profunda, vasta e universal, e por isso mesmo a mais difícil de ser compreendida por homens de evolução espiritual inferior. O homem espiritualmente imaturo é invariavelmente dualista na sua concepção do universo, como dualista ou pluralista é toda e qualquer evolução no seu estágio inicial. Ora, sendo que esta primeira petição do Pai-nosso é visceralmente antidualista ou "monista", claro está que nenhum dualista lhe pode atingir o verdadeiro sentido; antes de a compreender terá de desaprender a sua errônea ou imperfeita concepção do cosmos, isto é, colocar-se no nível do Cristo, autor destas palavras. Só da perspectiva do Cristo é que podemos entender as palavras de Jesus.

Certos teólogos, geralmente, identificam totalmente a personalidade humana de Jesus de Nazaré com a entidade cósmica de Cristo, do Verbo, do Logos, anterior à sua encarnação no Jesus humano. O Evangelho, porém, faz a nítida distinção entre o Cristo Cósmico e o Jesus Telúrico. O Cristo é "anterior a Abraão", já existia "antes que o mundo fosse feito". O Cristo é o "unigênito do Pai" (João), o "primogênito de todas as creaturas" (Paulo).

Esse Cristo Cósmico, a suprema e mais perfeita emanação da Divindade, há quase dois mil anos, se revestiu do invólucro da natureza humana e apareceu aqui no planeta Terra, aparentemente igual a nós, mas continuando a ser internamente o mesmo Cristo. Durante a sua vida terrestre, a tal ponto cristificou a natureza humana do seu Jesus que, no fim, podia exclamar "está consumado", está realizada plenamente a minha missão telúrica, a razão de ser da encarnação do meu Cristo.

A epístola aos Hebreus afirma que Jesus teve de passar por todas as fases da vida humana, exceto o pecado, para se consumar. Aos discípulos de Emaús diz Jesus que ele devia sofrer tudo que sofreu "para entrar em sua glória", isto é, para cristificar plenamente o seu Jesus humano.

Em face disso, podemos afirmar em verdade que a humanidade foi redimida pelo Cristo, não a humanidade *coletiva* do gênero humano, mas a humanidade *individual* de Jesus. E o que aconteceu uma vez pode acontecer mais vezes: outros homens podem ser também cristo-redentos, suposto que se integrem totalmente no espírito do Cristo, assim como Jesus se integrou.

Quando Jesus mandou a seus discípulos que orassem "Pai, santificado seja o teu nome", falou ele das profundezas da sua experiência cristocósmica, e só quem teve essa mesma experiência pode compreender realmente estas palavras.

1 – *Que é o "nome de Deus?"*

Nas páginas do Antigo e do Novo Testamento, desde o *Gênesis* até o *Apocalipse*, a palavra "nome" significa "manifestação externa da essência interna de um ser". Nome não é esse vocábulo arbitrário com que costumamos designar um ser. Nome, no sentido genuíno do termo, quer dizer o reflexo externo da realidade interna; a função visível da invisível essência de um ser. Assim, por exemplo, foi imposto ao filho de Maria o nome "Jesus" — ou no original hebraico "Jeshuah", que quer dizer "Deus-salvação", ou "Redentor Divino" — porque seria esta a missão peculiar, a função específica desse homem. De maneira que o nome "Jesus" é uma interpretação exata do seu caráter funcional, ou seja, uma revelação externa da sua natureza interna.

O "nome de Deus" significa, por isso, a manifestação de Deus no mundo, todo esse grandioso cosmos desdobrado ante os nossos olhos como a deslumbrante visibilidade da invisível essência de Deus. O "Nome de Deus" é essa estupenda epifania de poder, sapiência, beleza, amor e felicidade que canta através de todas as latitudes e longitudes do universo. O "nome de Deus" são as auroras matinais e os arrebóis vespertinos; são os relâmpagos e os arcos-íris; são as flores das campinas e os gorjeios das aves; são os mares do globo e os astros do firmamento; são também as obras da inteligência e as maravilhas espirituais do homem.

Verdade é que os nomes que nós, em geral, damos a pessoas e coisas não são "nominativas", não nomeiam ou definem esses seres, porque lhes ignoramos a íntima essência e natureza, e por isso não lhes podemos impor um sinal simbólico adequado que diga do simbolizado oculto da sua natureza. Mas quando o próprio Deus, por meio de seus inspirados mensageiros, dá nome a um ser, esse nome é o fidelíssimo reflexo e retrato da verdadeira natureza do nominado.

Assim é que o universo, quer material quer imaterial, é o "nome" de Deus, o sinal e símbolo revelador da sua oculta essência e natureza.

O universo é a epifania da Divindade.

* * *

2 — *Que é "santificação"?*

Pedimos, na primeira petição do Pai-nosso, que o nome de Deus, isto é, a sua manifestação no universo, seja "santificado" — e é esta palavra, quiçá, a mais obscura de quantas existem nessa prece profunda e sublime. A verdadeira compreensão dessa palavra supõe a mais alta intuição metafísico-mística que um ser possa atingir. Da parte de Jesus é uma proclamação da sua experiência de Deus, para os seus discípulos é um convite para demandarem as mesmas alturas de experiência divina.

Que quer, pois, dizer "santificar o nome de Deus"?

Em pequeno, tive de aprender que isso quer dizer não profanar o nome santo de Deus, não o usar em vão, levianamente, sem o devido respeito. Para uma criança inexperiente é esta, talvez, a única interpretação cabível, e, como há muitos homens fisicamente adultos cuja evolução espiritual estagnou no nível infantil, vítimas de infantilismo religioso, é natural que esses tais não estejam em condições de entender por essa petição outra coisa senão esse ABC infantil.

Jesus, porém, era o homem que possuía a mais completa adultez e maturidade espiritual, e nos seus lábios tinham estas palavras um sentido mais profundo, vasto e sublime. Revelam elas o gênio cósmico do Nazareno.

Convém notar que, nas línguas antigas em que a *Bíblia* foi escrita, a palavra "santo" é sinônimo de "todo", "inteiro", "universal".[1]

Se traduzirmos e parafrasearmos não a letra, mas o espírito, o sentido real desta petição, "santificado seja o teu nome", teremos de dizer mais ou menos o seguinte: Pai dos céus, seja a tua manifestação considerada como universal! Ou quiçá melhor: Seja o teu universo reconhecido como a revelação da tua divina natureza! Seja todo esse grandioso cosmos por nós e por todos os seres conhecido e reconhecido como um desdobramento de ti mesmo, de teu poder, da tua sabedoria, do teu amor, da tua beatitude!

Em harmonia com todos os grandes gênios metafísicos e místicos de todos os tempos e de todos os povos — do Egito, da Grécia, da Índia, da China, da Arábia e de outras raças e povos —, com todos eles sabia o profeta de Nazaré que o universo inteiro e cada um dos seus seres em particular não são senão aspectos e revelações finitas da infinita Plenitude de Deus — assim como as cores do espectro solar dispersas por um prisma não passam de manifestações parciais da totalidade da luz branca ou incolor que lhes deu causa e origem.

Por mais estranho e paradoxal que pareça ao profano e inexperiente, nada há fora de Deus. É profundamente falso dizer que existem *Deus e o mundo*, como se o mundo fosse alguma nova realidade adicionada à antiga realidade de Deus. Essa concepção dualista e falsa é a razão última de todos os erros cometidos em filosofia e teologia.

---

[1] O mesmo acontece em algumas línguas modernas, como, por exemplo, o alemão: *heilig* (santo) tem o mesmo radical que *heil* (todo, inteiro); em inglês, *holy* (santo) é etimologicamente idêntico a *whole* (todo, inteiro). Também existe estreita afinidade etimológica entre as palavras "santo" e "são", denotando aquela integridade espiritual, e esta, integridade física. Ser "são" é possuir inteireza material; ser "santo" é ter inteireza moral. "Santificar", pois, quer dizer reconhecer como inteiro, total, universal.

Deus é o *Um* e o *Todo*. Logicamente, nenhum adepto do dualismo metafísico pode ser um genuíno monista. O dualista pensa que, depois da creação divina, *existe mais realidade do que antes*, porque Deus fez algo do nada; esse algo, evidentemente, não existia ainda antes de ser creado, e assim, depois de creado, incrementou a soma das realidades existentes. Como se à infinita Realidade, Deus, pudesse ser adicionada uma realidade finita, o mundo! Como se esse finito não estivesse já contido essencialmente no Infinito! Como se o mundo, antes de existir individualmente como mundo, não fora já essencialmente real em Deus, embora ainda não individualizado na forma deste ou de outro mundo concreto!

É deveras estranho que teólogos eminentes tenham concebido a ideia paradoxal da creação *ex nihilo*, afirmando que Deus creou o mundo do nada, da vacuidade absoluta, em vez da infinita Plenitude. É fora de dúvida que a humanidade pensante, na medida que evolver rumo a maiores verdades, abandonará o flagrante ilogismo da creação *ex nihilo*, admitindo a creação *ex* infinito, ideia esta compatível com a mais alta ciência e filosofia.

Crear não quer dizer produzir novas realidades, mas dar forma individual à Realidade Universal, Eterna, Infinita. Para o espírito lógico e racional — e o genuíno místico é o rei dos espíritos racionais — é evidente que, sendo Deus a Realidade Infinita e Absoluta, não pode a creação ser um aditamento ulterior a essa Realidade, senão apenas uma nova manifestação da mesma. A Realidade é uma só, eterna, imensa, sem princípio nem fim; não foi creada e nunca será aniquilada. Mas na superfície desse infinito oceano de Realidade aparecem ondas, maiores ou menores, a que chamamos mundos, ou seres neles viventes. Mas, assim como as ondas do mar não são novas realidades, senão apenas novas formas da antiga realidade oceânica, assim também os mundos e seus componentes são *essencialmente* idênticos a Deus — embora *existencialmente* diferentes dele, uma vez que cada um desses fenômenos não é o Númeno total, mas tão somente fenômenos parciais. A creação é uma produção de formas novas, anteriormente não existentes; *mas não é a origem de uma nova realidade, uma vez que a Realidade é uma só, eterna para o passado e eterna para o futuro*. O dualista que admite a origem de uma nova realidade, adicionada à antiga, não é um monista no verdadeiro sentido da palavra, porque admite algo que não é Deus, o que equivale praticamente a ser politeísta ou ateu. O verdadeiro monista admite uma única Realidade absoluta (Número), a qual se revela continuamente no tempo e no espaço, na pluralidade de inumeráveis fenômenos transitórios. A Realidade é uma — as suas manifestações são muitas. A unidade da Essência e a pluralidade das existências — é esta a quintessência e a coroa de toda a verdadeira religião e genuína filosofia.

Deus *é* — os mundos apenas *existem*.

Cada fenômeno da natureza é uma individualização de Deus; é o Deus absoluto e invisível tornado relativo e visível nesse fenômeno concreto.

"No princípio, era o Logos, e o Logos estava com Deus, e o Logos era Deus. Por ele foram feitas todas as coisas, e sem ele nada foi feito do que feito foi... E o Logos se fez carne (se individualizou, concretizou), e nós vimos a sua glória, cheia de graça e de verdade." Quem concebeu e escreveu, no início do quarto Evangelho, essa estupenda síntese cósmica da filosofia e religião de todos os tempos devia ser um vidente da Realidade Absoluta e das suas revelações relativas através dos mundos. No princípio, diz ele, era a infinita Realidade, Deus, mas, em tempo, essa Realidade universal se individualizou, e a mais gloriosa forma dessa individualização da Divindade foi feita na pessoa de Jesus, individualização cheia de verdade e de beleza.

Uma só é a Realidade, inúmeras são as facticidades, formas em que ela se revela, através do tempo e do espaço. Disto sabiam todos os grandes gênios metafísicos e místicos da humanidade.

* * *

Ora, uma vez que Deus é a única Realidade, de que todos os mundos e todos os seres da natureza são eflúvios e irradiações, são eles outros tantos arautos e mensageiros da Divindade. Cada ser, pequeno ou grande, modesto ou insigne, aponta em linha reta para sua causa e origem. Basta que o homem possua suficiente intensidade perceptiva para ver Deus em todas as coisas, o Artífice no artefato, a Causa no efeito, o Produtor no produto, o Foco de luz no raio luminoso. Para o profano, o mundo é um muro opaco que nada revela além da percepção física dos sentidos e as especulações intelectuais dela derivadas. Mas para o iniciado, o mundo é um cristal transparente, através do qual ele contempla os esplendores da luz. Para aquele, o mundo é um obstáculo que o impede de ver Deus, como um anteparo opaco intercepta a luz e projeta sombras; para este, o mundo é um veículo rumo a Deus, uma escada por onde o homem ascende às alturas da Divindade, uma lente cristalina que focaliza a luz dispersa. Depreende-se daqui que só o iniciado, o homem cristificado, pode em verdade amar a natureza, porque só para ele a natureza tem verdadeiro sentido, um conteúdo amigo, um elemento simpático, uma afinidade mística. O profano abusa, maltrata e explora a natureza como escrava, fonte de rendas e instrumento de prazeres, o que é lógico, do ponto de vista da sua filosofia. Todos os grandes gênios religiosos da humanidade compreendiam a natureza, e a natureza os compreendia, abrindo-lhes as portas secretas das suas forças, pondo à disposição desses arautos do reino de Deus as energias recatadas em seu seio. Os inexperientes, em face desses fenômenos, falam em "milagres", em fatos "sobrenaturais" — mas o vidente da Realidade sabe que nada é milagroso nem sobrenatural, mas que tudo depende do contato mais íntimo e completo com o Todo, o Eterno, o Absoluto, que as religiões chamam Deus.

Compreende-se também a razão porque o homem espiritual não foge do mundo. A fuga do mundo é motivada por um sentimento de temor e fraqueza; o escapista teme o mundo, receia-lhe a prepotência, não se sente assaz forte para lhe resistir às tentações. Mas qual a razão última desse temor e desse escapismo? É a falsa concepção do mundo. Todo o dualista, para ser santo, tem de se tornar um ascético desertor do mundo, porque para ele o mundo é mau, antiespiritual, antidivino. Nem ele nem ninguém, desse ponto de vista, compreende a razão dessa "maldade" do mundo físico. Se o mundo material é mau, como ele admite, evidentemente não é obra de Deus, que não pode ser autor de mal algum. De maneira que nos vemos face a face com esta inexorável alternativa: ou o mundo material é de Deus, e nesse caso é bom, ou o mundo material é mau, e nesse caso não é obra de Deus. O ascético desertor do mundo, consciente ou inconscientemente, professa essa segunda alternativa, negando implicitamente a unicidade, universalidade e onipotência de Deus e admitindo a existência de um antideus como causa creadora do mundo material. Nenhum monista genuíno, suposto que seja lógico, pode odiar o mundo material, porque sabe que ele é obra do mesmo Deus que creou o mundo espiritual.

É supremo privilégio do homem cristificado e verdadeiramente espiritual amar o mundo material sem nenhum detrimento para sua espiritualidade, mas antes como meio para ulterior espiritualização.

O materialista *abusa* do mundo.

O asceta *recusa* o mundo.

O homem espiritual *usa* o mundo.

Entretanto, é certo que nenhum homem pode usar corretamente o mundo material sem perigo para sua espiritualidade, a não ser que tenha experimentado profundamente a absoluta unidade de Deus e do mundo e enxergado a essência divina dentro de todos os fenômenos materiais. Essa visão intuitiva da essência divina em todos os seres do universo é que é *mística* no mais verdadeiro e genuíno sentido da palavra. O místico é um vidente da Realidade absoluta e eterna. O místico é o homem que vê a essência eterna através das aparências transitórias. O místico, como se vê, é o *realista* por excelência, embora seja em geral considerado pelos irrealistas profanos como irrealista — tamanha é a confusão das ideias humanas!

Na razão direta que o homem experimenta a profunda identidade do Deus do mundo e do mundo de Deus, avançará ele no caminho da realidade e será idôneo para compreender o gênio cósmico de Jesus e o sentido real das palavras que nos legou no Pai-nosso:

"Santificado seja o Teu nome!" Possa eu compreender, ó Pai do céu, a Tua presença e atividade em todos os seres do Teu mundo! Que Tu és o *Um* e o *Todo*, a essência íntima do universo que de Ti irradiou e no qual Tu estás imanente como a alma está no corpo, como a causa está no efeito!

Exulto em Ti, ó Deus do mundo!

Rejubilo em Ti, ó mundo de Deus!

"PAI, VENHA O TEU REINO!"

O reino de Deus, sua natureza, seu advento, sua glória, sua proclamação entre os homens — é esta a mensagem central de Jesus.

Que é esse reino? Onde está? Quando virá? Que é necessário para ter parte nele? Todas essas perguntas foram feitas a Jesus, e ele as respondeu com a precisão e clareza de um homem que conhecia esse reino de ciência própria; de um homem que era cidadão nato desse reino. Já aos doze anos, diz ele a seus pais que a sua missão consiste em viver no ambiente desse reino.

Em torno dessa ideia central revolvem e gravitam todos os pensamentos do Nazareno; ao redor dela se constelam as suas maravilhosas parábolas e alegorias; dela recebem luz, como planetas recebem do sol, todas as doutrinas do grande Mestre. Pelo reino de Deus viveu Jesus e por ele morreu. Era o seu ideal, a sua paixão, a sua inefável delícia.

* * *

Certa vez foi Jesus interrogado pelos fariseus quando viria o reino de Deus. Ao que ele deu esta resposta lapidar: "O reino de Deus não vem com observâncias; nem se pode dizer: Ei-lo aqui! Ei-lo acolá! O reino de Deus está dentro de vós".

Vai sintetizada nessas palavras a sabedoria de todos os séculos, e só uma humanidade mais evolvida que a do presente século saberá aquilatá-las devidamente.

Antes de tudo, diz Jesus que o reino de Deus *está presente*, e não que *virá* num futuro mais ou menos remoto, embora os seus interlocutores tivessem posto a questão nestes termos. Para Jesus, o reino de Deus é uma realidade presente, e não um sonho futuro.

E, sendo que o reino de Deus é um fato presente e interno, não pode o seu advento ou desdobramento ser promovido por qualquer espécie de observâncias externas, rituais, dogmáticas, eclesiásticas, como pensavam os interlocutores, endoutrinados pela sinagoga cerimonialista do tempo.

Declara ainda enfaticamente que o reino de Deus não tem locação geográfica ou astronômica, de maneira que alguém possa apontá-lo a dedo e dizer: Eis, aqui está o reino de Deus! Ei-lo acolá! Desse reino não se pode levantar mapa ou estatística e definir quantos membros a ele pertençam, e por meio de que rito ou sacramento alguém se torna membro dele. Nada disso é possível no tocante ao reino de Deus proclamado por Jesus, embora seja possível para certas igrejas humanas, que têm a pretensão de serem o reino de Deus na terra. Porque, na doutrina de Jesus, o reino de Deus é essencialmente interno, espiritual; não consiste numa sociedade burocraticamente organizada, mas na experiência que a alma tem de Deus. "A vida eterna (idêntica ao reino de Deus) é esta: Conhecerem-Te os homens a Ti, ó Pai dos céus, como Deus único e verdadeiro, e a Jesus Cristo, Teu Enviado."

"O reino de Deus está dentro de vós..."

Nesta afirmação convém ter nitidamente presentes dois pontos básicos: 1) Que Jesus não se dirige somente a seus discípulos, mas aos homens em geral e aos fariseus em particular. Quer dizer que essa afirmação sobre o reino de Deus existente no homem não está restrita aos "santos" (se é que seus discípulos eram santos, nesse tempo), mas aos homens em geral, justos e pecadores; é uma afirmação universal que abrange todo e qualquer ser humano. Com o *Gênesis*, sabe Jesus que a alma humana é "imagem e semelhança de Deus"; com o apóstolo Pedro, sabe ele que somos "participantes da natureza divina"; com o apóstolo Paulo, que somos de estirpe divina e que "o espírito de Deus habita em nós"; com João Evangelista, que somos "filhos de Deus". 2) Não diz ele que o reino de Deus está no meio de vós. Tanto em grego como em latim temos uma palavra que significa "dentro", "no interior" (*entos*, *intra*), e não "entre", "no meio de". De resto, mesmo independentemente destas palavras individualmente tomadas, é evidente que Jesus não quis dizer que o reino de Deus era um fenômeno social do seu tempo existente na terra da Palestina, no meio de seus contemporâneos, porque, nessa hipótese, não teria sentido algum a negação categórica do caráter local e externo do reino de Deus. Também, como podia esse reino existir *socialmente entre os homens* se não existisse *individualmente dentro do homem*? A existência social de um fenômeno qualquer depende da sua existência individual; aquela não existe sem esta. Assim, se em certo país não existem indivíduos sãos, não existe saúde social, porque esta não é senão a soma total daqueles. Se não há santidade individual numa religião, não há tampouco santidade social.

Afirma, pois, Jesus que o reino de Deus existe em cada alma humana pelo fato de ser ela imagem e semelhança de Deus. Não afirma, todavia, que esse reino exista em forma completa, desenvolvida, atualizada. Ele existe, a princípio, em estado meramente potencial, latente — assim como a planta existe potencialmente na semente antes de existir em forma atualizada como planta. De fato, o reino de Deus dentro do homem nunca passará da sua existência potencial para a sua existência atual a não ser que o homem preste a sua positiva cooperação para esse crescimento, mantendo em sua alma a permanente atitude ou atmosfera caracterizada pelas palavras "Venha o Teu reino!". O reino de Deus, embora potencialmente presente na alma humana, não "virá" se o homem não crear a atmosfera propícia para seu advento, pelo incessante desejo de seu desdobramento. "O reino de Deus é — no dizer do apóstolo Paulo — justiça, paz e alegria no espírito santo."

Esse advento, essa atualização, esse desdobramento explícito do reino de Deus implícito é que Jesus chama o "novo nascimento pelo espírito", o "renascimento espiritual": "Quem não nascer de novo não pode ver o reino de Deus".

"Pecado" é, para Jesus, a falta de evolução do reino de Deus no homem, e não a ausência do reino, como entendia a sinagoga de Israel e como entendem ainda hoje certos teólogos cristãos. Deus e seu reino nunca estão nem podem estar ausentes do homem, pois Deus é a Realidade ou o Espírito onipresente. Pode, porém, o homem ignorar essa presença de Deus e viver como se Deus não estivesse presente em sua alma, viver sem justiça ou retidão, sem amor, sem caridade, sem paz, sem alegria — e nesse caso, embora esteja nele o reino de Deus, o homem não está no reino de Deus.

Certo dia, encontrou-se Jesus com uma mulher samaritana à beira do poço de Jacó. Desejava ela saber qual o verdadeiro lugar para a adoração de Deus: se era o monte Garizim, onde os samaritanos cultuavam a Divindade, ou o templo de Jerusalém, centro do culto religioso de Israel. Quer dizer que essa filha da Samaria pôs Jesus diante da questão sobre a sede e centro do reino de Deus: Garizim ou Jerusalém? Jesus, como filho de Israel, devia naturalmente ter optado por Jerusalém e procurado "converter" essa "herege" da Samaria para a "verdadeira religião". Entretanto, ele não fez a menor tentativa de conversão nesse sentido; não a desviou de Garizim, nem a encaminhou para Jerusalém. Não se trata da questão religiosa no plano *horizontal*, se a samaritana professa este ou aquele credo, se se inscreve nesta ou naquela igreja ou seita. O que é importantíssimo para a maior parte dos sacerdotes e ministros de religião é indiferente para Jesus. Ele trata da questão religiosa no plano *vertical*: se a samaritana tem ou não tem experiência de Deus, seja em Garizim, seja em Jerusalém, seja em outra parte qualquer. Sendo que o reino de Deus estava nela, o que antes de tudo importava é que ela descobrisse esse reino e, uma vez descoberto, harmonizasse a sua vida ética com essa grande Realidade. À pergunta de uma profana sobre o *onde* geográfico dá o grande iniciado uma resposta espiritual sobre o *como* da adoração de Deus. Para Jesus, nada depende do lugar externo, tudo depende da atitude interna: é necessário adorar ao Pai "em espírito e em verdade", seja em Garizim, seja em Jerusalém, porque o espírito e a verdade não estão vinculados a um certo lugar, nem encerrados num determinado edifício material, nem contidos nos moldes desta ou daquela fórmula dogmática ou cerimônia ritual. Uma vez que a alma humana encontrou Deus e seu reino dentro de si mesma, pela experiência mística, encontra-o por toda parte — em templos e sinagogas, em igrejas e catedrais, em mesquitas e pagodes, no cume de todos os montes, na vastidão dos desertos, no majestoso silêncio da natureza e na ruidosa azáfama das grandes metrópoles humanas, no florir dos lírios à beira da estrada e no gorjeio dos passarinhos na verde ramagem; encontra Deus e seu reino até onde, outrora, só via infernos de maldade e miséria... Essa indescritível paz e serenidade, esse misterioso halo de tranquilidade e irresistível simpatia que, geralmente, circunda os verdadeiros gênios espirituais da humanidade, não é senão o resultado espontâneo desse descobrimento do reino de Deus dentro da alma e sua constante irradiação pelo mundo circunjacente. "Dou-vos a paz, deixo-vos a minha paz!" — um homem que tais palavras profere, poucas horas antes da mais pavorosa das mortes, devia possuir em si a fonte eterna da Paz.

A alma que encontrou Deus em si mesma e o acha em todo o mundo, embora tenha os seus santuários prediletos, sua igreja peculiar, não cometerá jamais o pecado de hostilizar os santuários de seus semelhantes e negar-lhes o direito de acharem Deus a seu modo e nos caminhos da vida por onde a Providência os conduz. Os que restringem a adoração de Deus ou o culto religioso a uma determinada igreja ou religião, com exclusão de outras formas de religião, apostataram-se do Cristianismo. Há muitos cristãos que sacrificam o espírito de Cristo a fim de salvar a sua teologia eclesiástica. A igreja de Israel crucificou o corpo de Jesus uma só vez; as igrejas cristãs sectárias crucificam a alma de Cristo uma e muitas vezes através dos séculos, adotando-lhe o nome, mas negando-lhe o espírito.

* * *

Certo dia, em Cafarnaum, foi ter com Jesus um centurião romano, gentio, comunicando-lhe que tinha em casa um servo doente. Apenas referiu o fato, nada pediu a Jesus. Este, porém, ofereceu-se espontaneamente para ir à casa do oficial e curar-lhe o servo enfermo, ao que o militar romano replicou que não era necessária a presença física de Jesus, mas... E aqui vêm umas palavras tão misteriosas e sublimes que poucos valem atingir-lhes o verdadeiro sentido. A razão que o centurião dá para não julgar necessária a presença corpórea do Nazareno revela os voos místicos de seu espírito, que remonta às vertiginosas alturas da águia de Éfeso, quando escrevia as palavras: "No princípio era o Logos, e o Logos estava com Deus, e o Logos era Deus... E o Logos se fez carne e fez habitáculo em nós". As palavras do oficial de Roma, tão estupendas na sua simplicidade, são textualmente as seguintes: "Senhor, fala somente ao Logos, e meu servo será curado".[2] Quer dizer que o centurião tem a firme convicção de que a força curativa para seu servo não provém da pessoa humana, Jesus, filho de Maria, mas do Cristo, do divino Logos que encarnou em Jesus. E como o Logos

---

[2] A palavra grega "logos" é usada na filosofia da antiguidade, séculos antes de Cristo, para designar a *razão cósmica*, a *inteligência do Universo*, o *Espírito Eterno* que, segundo Heráclito de Éfeso e outros pensadores antigos, governa o mundo e transformou o Caos inicial no grandioso Cosmos que nossos olhos hoje contemplam. O autor do quarto Evangelho, escrevendo na cidade natal do grande Heráclito, teve a feliz ideia de identificar o Logos com o Cristo, o Espírito de Deus encarnado em Jesus de Nazaré.

está onipresente, não pode deixar de estar lá onde o servo do oficial está sofrendo. Por isso, não é mister que o Jesus vá à casa do militar romano; basta que apele para o divino Logos que nele está pedindo saúde para o enfermo, e logo o doente será curado.

A fim de concretizar a sua intuição mística, serve-se o centurião de uma ilustração genial tirada do seu ambiente militar, exprimindo a certeza que tem de que a moléstia de seu servo prestará tão pronta obediência à ordem do divino Logos como os soldados da guarnição romana de Cafarnaum obedecem às ordens de seu superior.

Esse centurião gentio devia figurar no rol dos grandes místicos da humanidade, porquanto a sua vidência espiritual não é inferior à de João, Paulo, Francisco de Assis, Agostinho, Meister Eckhardt, João da Cruz e outros grandes iniciados.

Quando Jesus ouviu estas palavras do militar gentio, voltou-se para as turbas que o seguiam e, com grande solenidade e ênfase, disse: "Em verdade, vos digo que não encontrei tão grande fé, nem mesmo em Israel".

Em que consistia essa "fé"?

No fato de o centurião saber da presença *onilocal* do Logos, do Cristo, não obstante a presença *unilocal* de Jesus. Deve a alma de Jesus ter experimentado, nesse momento, uma deliciosa afinidade espiritual com o místico gentio, uma simpatia fraternal de alma para alma, um eco da pátria celeste, uma aura de casa, ao ver diante de si um homem que sabia e saboreava o mistério supremo do reino de Deus.

Infelizmente, as traduções modernas não reproduzem fielmente o texto grego original, pondo a palavra Logos no acusativo ("dize tão somente a palavra", ou ainda pior: "uma palavra"), quando em grego, como também na tradução latina da Vulgata, Logos está no dativo: *logo* (em latim: *verbo*), e não *logon* (*verbum*). O centurião não disse: "Dize tão somente a palavra", mas: "Fala tão somente à Palavra", ou melhor, "ao Logos", "ao Cristo", "ao Espírito divino" encarnado em ti, ó Jesus de Nazaré. À luz das traduções modernas é inexplicável a jubilosa admiração de Jesus em face das palavras do centurião e a exaltação da sua fé.

O que Jesus chama "fé", como se vê, não é um vago *crer*, mas um nitidíssimo *saber*, um claríssimo *ver*, um profundíssimo *viver* da Realidade divina. E por causa dessa visão de Deus e do seu Cristo é que Jesus exulta de alegria e "canoniza" em praça pública, perante escribas e fariseus, sacerdotes da sinagoga e doutores da lei, esse gentio, que tinha do reino de Deus noção melhor do que todos os teólogos da igreja de Israel. Para o centurião já era fato consumado a petição "Venha o Teu reino!". Estava bem no coração do reino de Deus.

É deveras incompreensível que esse Jesus, absolutamente não sectário, tenha sido proclamado fundador desta ou daquela igreja sectária, igrejas que promovem sanguinolentas Cruzadas e Inquisições e fulminam odientas excomunhões aos que não lhes adotarem o credo teológico.

Prossegue Jesus afirmando que muitos virão do oriente e do ocidente, de todas as partes do mundo, e, com Abraão, Isaac e Jacó, tomarão parte no banquete do reino de Deus, ao passo que os filhos de Israel que, embora membros da sua igreja, não possuíam espiritualidade interna, serão excluídos do reino de Deus.

Seria difícil definir em termos mais claros e precisos do que estes o caráter do reino de Deus a que Jesus se refere no Pai-nosso.

Desde o início do século IV da era cristã formou-se a ideologia funestíssima de que o reino de Deus seja uma sociedade eclesiástica, hierarquicamente organizada segundo o padrão do Império Romano; e que o ingresso nesse reino se faça de um modo automático, ritual, sacramental; ser batizado, mesmo inconscientemente, equivalia, desde então, a uma incorporação no reino de Deus, e a aceitação de uma determinada fórmula de credo era prova desse fato.

Com essa infeliz teologia, oriunda da aliança político-militar que a igreja cristã fez com o imperador romano Constantino Magno, foi a "comunhão dos santos" substituída pela "sociedade eclesiástica"; ser cristão já não era ter o espírito de Cristo, mas aceitar determinados dogmas teológicos; a iniciação na igreja já não era *ex opere operantis* (pela espiritualidade do sujeito), mas *ex opere operato* (pela validade do objeto). Estava o espírito de Cristo reduzido a uma forma burocrática, a luz do céu engaiolada na estreiteza de certos dogmas, a experiência pessoal de Deus feita dependente do carimbo da autoridade eclesiástica, os jubilosos carismas do espírito sujeitos ao critério de eruditos teólogos, muitos deles analfabetos em experiência religiosa.

* * *

Mas, se o reino de Deus, como acabamos de expor, consiste essencialmente na experiência individual de Deus, onde está então o "reino"? Não denota a palavra "reino" uma sociedade? Uma companhia de seres? Um entrelaçamento de relações? Uma reciprocidade de compreensão e amor? Uma afetuosa comunidade e comunhão de almas?

Se o reino de Deus consiste simplesmente na experiência individual de Deus, não são essas almas humanas, identificadas com Deus, outros tantos átomos de espiritualidade, isolados no tempo e no espaço? Seres separados uns dos outros, beatíficos cada um por si, na taciturna solidão do seu vasto deserto metafísico? E não equivale isto a uma negação radical do caráter social e inter-relacionado que a ideia do reino de Deus parece incluir? Não equivale isto a substituir a carinhosa síntese de almas irmãs por uma frígida análise de eremitas, indivíduos solitários a contemplar Deus, na incomunicável distância das suas cavernas?

Quem assim pensa esquece-se de um elemento essencial. Esquece-se de que, onde quer que existam *santos,* existe também uma *comunhão dos santos*. Esquece-se de que não é possível a verdadeira santidade em frígido isolamento individual, uma vez que santidade é amor, e amor é fusão de mentes e comunhão de almas sintonizadas no mesmo ideal. Esquece-se de que os raios de um círculo se aproximam uns dos outros na mesma razão em que se aproximam do centro comum. Em outras palavras: quanto maior é o amor que une uma alma a Deus, tanto maior é necessariamente o amor que une essa alma a outras almas amantes de Deus.

Não há "comunhão dos maus", há tão somente uma "comunhão dos bons". Maldade é egoísmo, e todo egoísmo é desintegrante, desunificante, centrífugo. Bondade ou santidade é amor, e todo amor é integrante, unificante, centrípeto. Os primeiros discípulos do Cristo, como lemos nos Atos dos Apóstolos, "eram um só coração e uma só alma, e não havia indigente no meio deles", porque a profunda experiência mística que cada um deles possuía impelia-os a comunicar aos outros a sua grande felicidade em Deus; esses místicos fundiam as suas almas remidas numa jubilosa sinfonia de compreensão universal. Ninguém é mais social, sociável e comunicativo do que o verdadeiro místico; só o falso místico se isola de seus irmãos, preocupado apenas com sua santificação e salvação pessoal e indiferente à sorte de seus semelhantes — o que é, de fato, o ápice do egoísmo espiritual disfarçado em espiritualidade. No princípio do Cristianismo, era a igreja o resultado espontâneo da experiência mística da paternidade única de Deus transbordante na vivência ética da fraternidade de todos os homens. Mais tarde, com o paulatino arrefecimento do primitivo ardor espiritual, rareiam e enfraquecem os carismas divinos entre os cristãos — e na mesma proporção vai desaparecendo a união *orgânica e espontânea* dos cidadãos do reino de Deus, cedendo mais e mais a uma união *mecânica e artificial*. A lei sucede ao amor, o regulamento burocrático suplanta a inspiração divina, o imperativo categórico do *dever* impera sobre o exultante optativo do *querer*.

Agoniza a primavera do espírito de Cristo.

Com a predominância do elemento hierárquico-político--financeiro na igreja, começou a agonizar o elemento tipicamente espiritual e crístico do reino de Deus, à semelhança da possante estrutura de certas árvores a erguerem ao céu os seus galhos enormes, solidamente lignificados, mas destituídos de vitalidade e juventude...

A vida da igreja do Cristo não está no número e na riqueza de seus templos, seus colégios, suas instituições sociais, políticas e econômicas, jornais, revistas, casas editoras; não está tampouco nas boas relações diplomáticas que ela mantenha com os poderes públicos dos países onde trabalha — toda essa prosperidade pode coexistir com a mais profunda decadência do reino de Deus. Por outro lado, pode a igreja ser espoliada de todas essas vantagens externas e não obstante ser próspera e gloriosa, como aconteceu nos três primeiros séculos do Cristianismo, quando a igreja vivia nas catacumbas, perseguida, torturada, martirizada — e soberanamente gloriosa.

Mil vezes melhor uma igreja espiritual a sangrar na cruz do seu Cristo do que uma igreja profana a brilhar nos salões da política e diplomacia do mundo. A pureza e espiritualidade da igreja só existe na razão em que seus filhos tenham um contato imediato com Deus mediante a experiência mística. A experiência de Deus é a primeira e última fonte de vida e vitalidade da igreja; com essa experiência, a igreja é onipotente; sem essa experiência, a igreja é impotente. Todos os períodos da história da igreja cristã em que florescia essa experiência mística são tempos de grande prosperidade e poder, ao passo que todos os períodos assinalados por um liberalismo mundano são épocas de decadência, não obstante a prosperidade material da igreja. A verticalidade espiritual é invencível — a horizontalidade material vai de derrota em derrota.

O verdadeiro poder e a decisiva influência do Cristianismo não está nos bens externos que ele *recebe*, mas nos dons internos que ele *dá*. "Há mais felicidade em dar que em receber." O Cristianismo das catacumbas e do Coliseu possuía tamanha plenitude de dons divinos que não estava interessado em receber favores políticos, diplomáticos ou financeiros dos poderosos do século; ele era essencialmente doador, distribuidor — e nada recebedor, explorador, caçador de prestígio mundano, como passou a ser desde o tempo do infeliz Constantino, que envenenou a hierarquia eclesiástica com prestígio político, diplomático, financeiro e militar. Quem reclama direitos professa egoísmo — e todo egoísmo é apostasia do Cristianismo. O reino de Deus não tem *direitos* a reclamar, só tem *deveres* a cumprir, o sacrossanto dever de dar, dar, dar — dar tudo o que tem e dar tudo o que é. Deus dá tudo e não recebe nada — e quanto mais o homem dá e quanto menos deseja receber, tanto mais divino é. O Cristo apareceu na face da terra como o rei dos doadores, e a ordem que ele dá a seus discípulos é a de dar ilimitadamente — e tanto mais cristão é o homem quanto mais dá a todos e quanto menos reclama de alguém. Dar supõe riqueza — receber denota pobreza. Só pode dar indefinidamente sem perigo de abrir falência quem possui dentro de si inexaurível plenitude. Só o santo, o místico e homem cristificado é que pode ser um perene doador, porque só ele é um perfeito possuidor; quanto mais enriquece os outros, tanto mais é enriquecido por Deus. Por isso, o genuíno cristão é absolutamente desinteressado; não reclama direitos; não procura ser servido, mas deseja servir.

No dia e na hora em que os membros de uma sociedade espiritual começam a insistir em seus "direitos", nesse dia e nessa hora começa a agonia dessa sociedade. Uma sociedade espiritual só pode viver de amor, da espontânea e ilimitada vontade de dar, de servir, de se exaurir e se imolar por seus semelhantes, de se fazer tudo para todos.

É este o advento do reino de Deus em toda a sua plenitude. "Pai dos céus... Venha o Teu reino!"

“PAI, SEJA FEITA A TUA VONTADE, ASSIM NA TERRA COMO NOS CÉUS”

À primeira vista, parece esta petição admitir a possibilidade do não cumprimento da vontade de Deus da parte do homem. E, de fato, é esta a opinião geral entre os não iniciados nos mistérios do reino de Deus. Existe uma literatura inteira que pretende fazer crer que a vontade de Deus seja constantemente frustrada pelos homens, como teria sido por muitos anjos.

Também eu, em pequeno, fui endoutrinado neste sentido. Quase cheguei a ter pena de Deus pela “falta de sorte” que Ele parecia ter em todas as Suas empresas. Disseram-me que Deus havia creado grande número de puros espíritos, os anjos, mas que milhares deles se revoltaram contra o Creador, frustraram-lhe os planos e jamais voltarão a prestar-lhe obediência.

Depois disso, disseram-me, havia Deus tentado fazer prevalecer a Sua vontade em outro setor, no mundo dos homens, menos inteligentes que os anjos — pensando talvez que seres menos dotados fossem mais obedientes. Mas falhou também esta segunda tentativa, e a derrota foi relativamente pior que a primeira, porque a humanidade inteira se negou a cumprir a vontade de Deus, preferindo cooperar com Satanás, o inimigo número um de Deus, o chefe do primeiro grupo de revoltosos. A humanidade em peso, 100%, como se vê, aderiu ao movimento subversivo antidivino.

Após esse segundo fracasso, com o mundo dos homens, resolveu Deus remediar o mal ao menos nesse segundo setor, o que não fizera no primeiro, porquanto a reabilitação dos anjos revoltosos lhe parecia sem esperança, e por isso os condenara sumariamente a uma eternidade de tormentos. Resolveu, pois, salvar os homens rebeldes. Mas também esta nova tentativa falhou pela maior parte, tanto assim que, até hoje, quase dois mil anos após a vinda do Salvador, a imensa maioria da humanidade nem sabe do fato, mais de 2/3 do gênero humano não é cristão, e muitos do restante terço têm de cristãos apenas o nome, não se guiando pelo espírito de Cristo, no teor de sua vida.

Em resumo: segundo a teologia tradicional, Deus foi sempre derrotado, total ou parcialmente, pelos anjos e pelos homens, que, graças a seu livre-arbítrio, lhe podem frustrar os planos. Existe a possibilidade de a maior parte, e mesmo a totalidade, dos seres livres negarem obediência a Deus, contrariando-lhe os planos, não apenas por certo tempo, mas até por toda a eternidade; pois, segundo a teologia corrente, o reino de Satan[3] é eterno. Segundo muitos autores e pregadores cristãos, aprovados pela autoridade eclesiástica, a maioria dos homens de fato se perde, como se perdeu a maior parte dos anjos.

De maneira que, se existe um ser realmente poderoso, é Satanás e não Deus, pois aquele se sai sempre com a "parte do leão" contra seu rival, levando a maior parte dos homens para seu partido, como já o fizera com os espíritos angélicos. Não seria, pois, lógico e razoável proclamar Satanás como Senhor Supremo? Pois se ele é mais poderoso que Deus, segundo os fatos expostos? E, uma vez que do inferno de Satanás não há saída, pode este ter, para toda a eternidade, um reino com maior número de súditos do que o reino de Deus.[4]

É tempo para abandonarmos de vez essa ridícula teolo-

---

[3] Conservamos, de propósito, a grafia hebraica "satan" (em vez de satã) a fim de manter o sentido real do termo, que significa "adversário".

[4] Veja o leitor a exposição detalhada desse ponto no meu livro "Profanos e iniciados".

gia medieval, absolutamente incompatível com o espírito de Cristo e com a ideia que devemos formar do poder, da sabedoria, santidade e majestade de Deus — o Deus verdadeiro e real, e não essa triste caricatura da divindade. A cristandade do século XX tem urgente necessidade de uma reforma, reforma incomparavelmente mais radical do que a do século XVI, que em grande parte perfilhou estes absurdos. Boa parte da humanidade está madura para essa reforma. É necessário que haja pioneiros suficientemente iluminados e dinâmicos para chefiar o movimento rumo ao Cristo real e ao Teísmo genuíno.

Na realidade, Deus nunca foi derrotado em nenhum dos planos, nem o será jamais por toda a eternidade. Se o fosse uma só vez, deixaria de ser Deus, e teriam razão os ateus, os agnósticos, os cépticos e indiferentistas de todos os tempos.

A nossa alternativa não é *cumprir* ou *não cumprir* a vontade de Deus, uma vez que creatura alguma pode deixar de realizar Seus planos. Deus é o único ser absolutamente invencível. A sua vitória será sempre completa, total, de 100%. Quem crê num outro Deus é ateu. Ateu é também todo homem que admite a possibilidade de um reino eterno em conflito com o reino de Deus. Todo homem que crê num inferno, pecado, punição ou num Satanás eterno nega a onipotência e o domínio universal de Deus e nega, assim, a existência do Deus real.

A nossa alternativa é outra: é a escolha entre um cumprimento *gozoso* e um cumprimento *doloroso* da vontade de Deus. É esta a única escolha que está em meu poder: o *modo* de cumprir a vontade de Deus, não o *cumprimento* ele mesmo. Enquanto a minha vontade personal for contrária à vontade de Deus — digamos *excêntrica*, fora do centro divino — é só com sofrimentos que cumprirei a vontade divina, porque toda atitude oposta às eternas leis cósmicas é necessariamente dolorosa; se assim não fosse, o universo de Deus não seria um *cosmos* (sistema de ordem), mas sim um *caos* (desordem e confusão). Se, por outro lado, a minha vontade coincidir com a vontade de Deus — se for *concêntrica* com ela, como dois círculos traçados ao redor de um centro comum — o cumprimento da vontade de Deus, cedo ou tarde, acabará por me encher de um senso de profunda e imperturbável felicidade.

Os seres da natureza inferior, inconsciente, sempre cumprem a vontade de Deus num ambiente de alegria e felicidade compatível com a sua natureza inconsciente ou subconsciente; não há tristeza e infelicidade no mundo irracional; a natureza é um incessante júbilo, uma festa perene de alegria, celebrada num ambiente crepuscular de semiconsciência.

Os seres racionais, humanos, aqui na terra, geralmente cumprem a vontade de Deus dolorosamente, com sofrimentos e sacrifícios, porque, individualmente conscientes, julgam poder encontrar felicidade no cumprimento da sua vontade humana contra a vontade divina, como é o caso dos egoístas de todos os matizes; mas também os ascetas e outros homens empenhados em espiritualidade geralmente não experimentam duradoura felicidade nesse caminho, enquanto a concentricidade da sua vontade com a vontade divina não for perfeita, espontânea, fácil, profundamente deleitosa, como só acontece aos místicos, aos seres completamente cristificados.

O que, pois, pedimos nesta petição do Pai-nosso é que a nossa vontade humana venha a coincidir tão perfeitamente com a vontade divina que resulte em absoluta concentricidade, numa harmonia total das duas vontades, numa sincronização e sinfonia do querer humano-divino, assim como acontece perenemente nas regiões dos seres que atingiram evolução superior e vivem nos planos da consciência cósmica ou universal, de onde o próprio Logos divino desceu para o nosso planeta de consciência individual e imperfeita. Não pedimos que a vontade divina seja feita, porque semelhante petição seria absurda, uma vez que a vontade divina nunca deixou de ser cumprida; pedimos que esse cumprimento, ainda agora doloroso aqui na terra da consciência imperfeita, venha a ser gozoso, tão gozoso como é já agora da parte dos seres plenamente cristificados.

Nenhum ser pode frustrar os planos de Deus em caráter definitivo.

Existe uma literatura devocional que pretende fazer crer que a vida de Jesus Cristo foi uma vida triste, dolorosa, e que todo cristão genuíno deva levar vida de tristezas e dores. A verdade, porém, é que nunca foi vivida sobre a face da terra uma vida mais bela e jubilosa que a do Nazareno, uma vez que para ele a espiritualidade não era sacrificial e cruciante, como é geralmente para seus discípulos, mas divinamente deleitosa, tanto assim que ele compara o cumprimento da vontade do Pai celeste a um banquete ou manjar apetitoso: "O meu manjar é cumprir a vontade daquele que me enviou". O místico, o homem plenamente cristificado, é o único homem que pode realmente gozar as coisas belas do mundo de Deus, porque está em perfeita harmonia com o Deus do mundo, e o seu gozo não contém o menor ressaibo de amargura, como necessariamente acontece com o gozador profano, o homem que quer gozar o mundo de Deus sem estar em paz com o Deus do mundo. O homem espiritual não só conhece as alegrias puras do espírito, mas é também o único homem que pode gozar em cheio as belezas do mundo material, porque goza-as com liberdade interior — goza-as sem temor nem remorso, descobre-lhes a suavidade interna, que para o gozador materialista é desconhecida. A verdadeira mística é poesia e delícia, porque é retidão e racionalidade. Pensam os inexperientes que a mística e a racionalidade sejam duas coisas incompatíveis e mutuamente exclusivas, quando na verdade o único racionalista genuíno é o místico; é o realista por excelência, como o Cristo, que, sendo o rei da mística, era também o rei da racionalidade. Com efeito, tanto mais realista e racional é o homem quanto mais espiritual e místico. Deus, o Espírito infinito, é também a Razão sem limites e a Realidade absoluta.

O que não é feito com facilidade e espontânea alegria

não tem garantia de perpetuidade, como vemos em todos os reinos da natureza. Se tivéssemos de comer e beber e dormir e procrear filhos unicamente pelo estrito senso do *dever*, já não existiria ser vivo sobre a terra, e a humanidade estaria extinta há muito tempo. A natureza sabe porque associou o deleite a todas as coisas necessárias. O mesmo acontece nas regiões superiores da vida. Enquanto a vida espiritual for para mim um sacrifício diário e uma tortura perene, não tenho garantia de perseverança no terreno da espiritualidade; cedo ou tarde, em lances críticos, a minha "virtude" falhará, como acabarão por falhar todas as atitudes difíceis e penosas. Só no dia em que os cruciantes *imperativos* da ética se transformarem em exultantes *optativos* da mística; quando a amargura do *dever* se converter na suavidade do *querer*; quando eu puder em verdade dizer com o salmista: "Eu amo a Tua lei, Senhor, e os Teus preceitos são a minha delícia" — só então terei sólida garantia para a perpetuidade da minha vida espiritual. Enquanto o amor para com meus inimigos me parecer absurdo ou heroico; enquanto o *receber* me der maior felicidade que o *dar*; enquanto o espírito do Sermão da Montanha me parecer apenas um longínquo idealismo teórico, e não um propínquo realismo prático — não terei uma espiritualidade feliz; não terei feito a vontade de Deus aqui na terra assim como ela é feita nos céus. "Deus ama um doador alegre" — e não um servidor tristonho e gemebundo.

O Cristianismo não é somente a religião da cruz, é também, e muito mais, a religião da luz. Penúltimas são as sombras da Sexta-Feira Santa — últimas são as luzes da Páscoa. Penúltimo é o túmulo a encerrar o corpo do crucificado — último o túmulo vazio, incapaz de conter o corpo do ressuscitado. Nunca de árvore alguma brotaram tão belas flores como daquele tronco sangrento a bracejar no topo do Gólgota, aureolado dos albores da Páscoa.

"Que é da tua vitória, ó Morte?

Foi a morte tragada pela Vida!"

Dizíamos que a vida de Jesus não foi um perene sofrimento, como certos teólogos nos querem fazer crer. Todo sofrimento físico do chamado "rei das dores" não abrange 15 horas em 33 anos, desde a quinta-feira à noite até às três horas da tarde da sexta-feira. Quanto ao seu sofrimento moral e psíquico — a incompreensão do povo, a covardia dos seus discípulos, etc. —, Jesus o sabia de antemão e o aceitou livremente como fenômeno concomitante da encarnação do seu Verbo divino na pessoa humana de Jesus. Realmente doloroso é o sofrimento que nos acontece como uma fatalidade absurda e sem finalidade; mas um sofrimento aceito por compreensão e idealismo espiritual não é um sofrimento absurdo e revoltante.

Infelizmente, não faltam cristãos que só conhecem as tristezas do "Senhor Morto", cujo corpo inerte carregam pelas ruas enlutadas, por entre lágrimas e gemidos — esquecidos das glórias do Cristo redivivo, do Rei Imortal dos séculos. O Cristianismo, na frase lapidar de Albert Schweitzer, é uma afirmação do mundo que passou pela negação do mundo.

Quanto maior é a alegria com que alguém cumpre a vontade de Deus, tanto mais puro é o seu Cristianismo. O Cristianismo perfeito é um Cristianismo radiante.

Nada existe entre os homens que tamanhas falsificações tenha sofrido como o conceito de "vontade de Deus". Todos os pecados e crimes que a humanidade tem cometido e todas as inevitáveis consequências dessas desordens morais, no plano físico e mental — tudo isso tem sido considerado como a "vontade de Deus". Se todos esses horrores de fato corressem por conta da vontade divina, seria Deus o maior dos monstros e o rei dos sadistas a deleitar-se nos sofrimentos das suas creaturas.

Nada mais frequente do que ouvir um doente dizer: "Paciência! É a vontade de Deus". O que ele entende é que a doença é um dom de Deus, o qual Deus, na sua inexplicável crueldade, tenha decidido enviar a seu filho.

Quando pessoa da família morre prematuramente, ou é vitimada por um acidente, procuram os sobreviventes consolá-la com a frase costumeira: "Deus assim o quis"

Quando milhares de seres humanos morrem em consequência de epidemias ou carestias causadas por guerras ou criminosas explorações de egoístas profissionais, começam certos homens a duvidar da existência de um Deus de poder e amor.

Há também quem considere a Paixão e morte de Cristo como expressão da vontade de Deus, e não faltam teólogos que aduzam textos sacros como estas palavras de Jesus: "Pai, se não é possível que passe de mim este cálice (do sofrimento), faça-se a Tua vontade!".

É tão inveterado esse vezo de identificar as coisas ingratas e negativas com a vontade de Deus que poderíamos quase estabelecer a fórmula: Tudo o que é doloroso é a vontade de Deus — e tudo que é agradável é contra a vontade de Deus.

Com semelhante teologia, naturalmente, afugentamos os homens que querem viver uma vida positiva e cheia e detestam uma existência negativa e vazia. Para eles, só pode haver duas classes de homens: os gozadores profanos e os sofredores espiritualistas; os que gozam o mundo longe de Deus e os que gozam Deus longe do mundo. Mas como nem isto nem aquilo é Cristianismo genuíno e integral, não conseguem esses homens cristificar a suas vidas.

Só posso *crer* em um Deus, dizia Voltaire, que eu possa *amar* — mas esse Deus da teologia não é amável.

O *gozador* sabe que vive fora do Cristianismo — ao passo que o *renunciador espiritualista,* em geral, considera o seu escapismo negativo como puro Cristianismo e crê que tanto mais se aproxima do Cristo e de Deus quanto mais se entrega ao sofrimento. Para ele, o supremo ideal de espiritualidade é o "homem das dores", o Jesus crucificado, o "Senhor morto" — e não o Cristo da Páscoa, o Rei Imortal dos séculos. E parece ter razão, tanto assim que o próprio Cristo recomenda a renúncia dos bens e prazeres materiais. O Cristianismo perfeito não consiste em sofrimento, mas, devido ao nosso pendor profano, o caminho dessa profanidade para a espiritualidade leva inevitavelmente através da renúncia, do desapego, da fuga das coisas materiais. Entre o materialismo de baixo e o Cristianismo de cima está o ascetismo intermediário. Como fator disciplinar e educativo, o ascetismo tem a sua razão de ser, e o próprio Jesus o recomendou àquele jovem ricaço. Se esse jovem tivesse passado corajosamente pela escola da renúncia externa e tivesse assim alcançado a liberdade interior, poderia, depois, ter possuído novamente bens materiais, sem o perigo de ser por eles possuído, como era nessa ocasião: não era um *possuidor* de muitos bens, mas era *possuído* e *possesso* de muitos bens, que eram seus males. É trágico ser possuído ou possesso de coisas materiais. Diz o Evangelho que se retirou da presença de Jesus cheio de tristeza — e tinha razão; pois não há coisa mais triste do que ser escravo dos seus escravos e possesso das suas posses. Era um materialista, esse jovem; não teve a coragem de passar pela escola da renúncia a fim de alcançar a "gloriosa liberdade dos filhos de Deus" de possuir as suas posses sem ser por elas possuído.

"Pai, o pão nosso de cada dia nos dá hoje"

Acabamos de considerar as três primeiras petições do Pai-nosso, petições de caráter altamente metafísico e místico. As quatro restantes petições revelam índole mais ética. Mas a primeira dessas quatro nem parece ter caráter espiritual, senão simplesmente material, tratando do "pão", quer dizer, das necessidades da nossa subsistência terrestre. O próprio São Jerônimo, tradutor da *Bíblia* para o latim, parece ter estranhado esse tópico e, para o tornar aceitável, traduziu "pão sobressubstancial" (sobrenatural) em vez de "pão cotidiano". Na qualidade de exímio conhecedor de aramaico, grego e latim, suspeitou que "cotidiano" ou "de cada dia" não fosse o termo exato, mas, como extremado asceta e detestador do mundo material, não atingiu o sentido total do vocábulo aramaico usado pelo Nazareno.

É necessário que tenhamos ideia clara de dois pontos essenciais dessa petição, a saber: 1) o que Jesus quis dizer com o "pão de cada dia"; 2) como esse tópico se enquadra no esquema geral da prece, que é antes de tudo uma autobiografia espiritual de Jesus.

1 — Que significa o "pão de cada dia"?

Pedimos vênia ao paciente leitor pelo fato de nos internarmos um pouco nos meandros da filologia e etimologia da palavra grega *epiousios*, que nas traduções correntes aparece como "cotidiano" ou "de cada dia", referindo-se assim não à *natureza* do pão, mas ao *tempo* em que ele nos deva ser dado. Na mente de Jesus, porém, como veremos, esse adjetivo qualifica o substantivo "pão" e não se refere ao conceito de tempo.

Como é sabido, Jesus falava o aramaico, dialeto popular da língua falada pelo povo hebreu após o seu regresso do exílio babilônico, cerca de seis séculos antes de Cristo. Não é o hebraico puro do Antigo Testamento, porém uma mescla dos idiomas hebraico e babilônico, mais outros ingredientes orientais. Não sabemos que palavra aramaica Jesus usou para exprimir a ideia geralmente traduzida por "cotidiano" *(quotidianus, daily, taeglich,* etc.), porque os livros sacros do Novo Testamento apareceram em grego já no primeiro século do Cristianismo. É provável que vários desses livros tenham sido escritos originalmente em aramaico, uma vez que os autores de todos os livros neotestamentários, com a única exceção de Lucas, eram hebreus, que dificilmente teriam usado outra língua que não o seu idioma nativo para exprimir o que o profeta de Nazaré havia dito em aramaico. Lucas era de estirpe grega e escreveu os seus livros — o terceiro Evangelho e os Atos dos Apóstolos — em sua língua materna. O apóstolo Paulo, embora de origem hebraica, nascera e fora educado em Tarso da Cilícia, um dos centros de cultura helênica da época, e manejava com facilidade a língua de Homero para nela vazar as suas epístolas, tanto mais que ele era, de preferência, o "apóstolo dos gentios", povos que melhor conheciam o grego que o hebraico.

É provável, porém, que os outros autores sacros neotestamentários, sobretudo os evangelistas Mateus, Marcos e João, tenham escrito os seus livros em aramaico. É, todavia, opinião geral dos entendidos que todos os livros do Novo Testamento, quer fossem originalmente exarados em grego quer em aramaico, já em meados do primeiro século eram geralmente conhecidos na forma grega em que ainda hoje os possuímos. Se tradução houve do aramaico, foi feita durante o tempo apostólico e, possivelmente, sob os olhos dos próprios autores, equivalendo, por isso, a verdadeiros originais. O hebraico e seus dialetos não eram língua mundial, como era de preferência o grego e, em parte, o latim; mas, como o Cristianismo tinha desde o início um caráter nitidamente *katholikós*, quer dizer, "universal", era natural a tendência dos cristãos a tornar a vida e doutrina de Jesus acessíveis a todos os homens por meio da língua mais usada na vastidão do Império Romano. Roma dominava os corpos por meio de seu poder político-militar, mas Atenas imperava sobre os espíritos com sua literatura, filosofia e arte.

* * *

O Pai-nosso, na forma em que costumamos recitá-lo, acha-se no Evangelho segundo Mateus, o ex-publicano palestinense, ao passo que Lucas, o médico helênico de Antióquia da Síria, nos oferece apenas ligeira síntese dessa oração. O ignoto tradutor grego do Evangelho segundo Mateus, certamente perfeito conhecedor do dialeto aramaico, reproduziu o adjetivo aposto por Jesus ao substantivo "pão" pela palavra *epiousios*. Acontece, porém, que esta palavra não existe na língua grega, não se encontrando em nenhum dos antigos clássicos da Hélade. O tradutor do Evangelho inventou esse neologismo por conta própria.

Por que o inventou?

Certamente, porque não encontrou em grego vocábulo que correspondesse exatamente ao sentido do termo usado por Jesus em aramaico. Creou palavra nova, como fazem muitas vezes também os escritores do nosso tempo. Entretanto, esse neologismo grego é de tal natureza que o leitor conhecedor dessa língua lhe pode descobrir o sentido, porque é uma composição de dois radicais gregos conhecidos, a saber *epi*, prefixo que significa "conforme", e *ousia*, que quer dizer "natureza", substantivo derivado do verbo *einai*, que significa "ser". De maneira que *ousia* exprime aquilo pelo que uma coisa é o que é; ou, simplesmente, a "natureza".

Epiousios seria, pois, "aquilo que é conforme a natureza", aquilo que corresponde à natureza do homem. De maneira que Jesus disse o seguinte: Pai dos céus, dá-nos hoje tudo aquilo que é conforme a nossa natureza humana. É sabido que a palavra "pão" significa tudo aquilo que serve e é necessário para a subsistência humana, tendo, pois, um sentido muito mais vasto do que o alimento material feito de farinha a que damos o nome "pão".

Como se explica, então, a palavra "cotidiano" das nossas traduções?

Por um simples equívoco ou mal-entendido dos tradutores, que, não encontrando em grego a palavra *epiousios*, a tomaram como derivada do conhecido termo *epion*, que quer dizer "do dia de hoje" (por vezes também "do dia imediato", ou "de amanhã"). Como dissemos, São Jerônimo, que viveu no 4º e 5º séculos como eremita perto de Belém, suspeitou que *epiousios* não vinha de *epion*, mas de *epi* e *ousia*; mas, em vez de traduzir "conatural", preferiu dizer "sobrenatural", o que era mais conforme com a sua orientação ascética.

2 — Depois de assim reconstruirmos o verdadeiro sentido da palavra *epiousios* como significando "conforme a natureza" ou "conatural", temos as portas abertas para compreendermos a visão do gênio cósmico de Jesus. Revela esta palavra, mais uma vez, a amplitude do espírito de Cristo, a universalidade da sua compreensão. A sua missão redentora sempre visa ao homem em sua totalidade onilateral, e nunca a algum aspecto unilateral da natureza humana. O nosso Cristianismo tradicional entende que Jesus veio para salvar a nossa alma, mesmo à custa do nosso corpo, filosofia essa de que Jesus nada sabe. Há séculos que estamos pregando à humanidade que o fim do homem é salvar sua alma, que o corpo não passa de uma prisão temporária em que a alma está encarcerada. E, sendo o corpo uma prisão, não vale a pena interessar-se por ele; é melhor negligenciá-lo a fim de acelerar a libertação da avezinha espiritual presa nessa gaiola material.

É falso admitir que o homem deponha o seu corpo quando morre e viva sem corpo por toda a eternidade. É uma ideologia anticristã e antirracional. Não só a alma é imortalizável, mas também o homem total.

Se o corpo do homem não fosse imortálizavel, não haveria no céu uma humanidade, mas tão somente almas humanas. A humanidade deixaria de existir, porque almas humanas não são homens. Jesus não deixou seu corpo no túmulo; retomou-o, reuniu-o à sua alma, e com ele, corpo e alma, vive e viverá por toda a eternidade, antecipando assim, como "irmão primogênito", o que pode acontecer com a família humana, quando o gênero humano se houver cristificado devidamente. É que Jesus queria existir para sempre como homem e não apenas como alma humana.

Em suas grandes epístolas metafísicas frisa São Paulo este fato: que há um corpo celeste (em estado físico ou material) e há um corpo celeste (em estado metafísico ou imaterial), mas, tanto neste como naquele estado, o corpo é verdadeiro corpo. A espiritualização do corpo material é chamada "ressurreição de entre os mortos" (não "ressurreição dos mortos"). O "corpo morto" é o corpo em estado material; o "corpo ressuscitado" é o mesmo corpo mas em estado imaterial. O corpo é o princípio da individuação, que não é necessariamente material. Todas as creaturas têm corpo, só o Creador que não, porque não é indivíduo. Os autores inspirados sabiam intuitivamente, há séculos e milênios, o que os nossos cientistas começaram a saber, intelectualmente, só agora, desde os primeiros decênios do século XX: que a mesma matéria pode existir em formas várias, visível e invisível, física e metafísica, em estado grosseiramente material e em estado sutilmente energético. Einstein, Oppenheimer, Bohr, Fermi e outros corifeus da física nuclear dos nossos dias apenas confirmaram o que os videntes da Realidade eterna haviam dito, desde o *Gênesis* até o *Apocalipse*.

Um pedaço de matéria submetido ao impacto de um moderno ciclotron deixa de ser matéria para se transformar em pura energia. Matéria, na frase de Einstein, não é senão *frozen energy*, energia congelada; ou, reduzido à conhecida fórmula: E = mc2 (energia é igual à massa multiplicada pelo quadrado da velocidade da luz). O século XIX foi o século do materialismo clássico; hoje, cientificamente falando, o materialismo morreu... por falta de matéria, pois a ciência provou que a matéria não existe, é uma simples forma ou um estado de ser da energia. A mesma energia pode aparecer visível e invisível. A mesma matéria pode ser objeto dos nossos sentidos e pode, também, ser de todo imperceptível.

Coisa análoga dá-se todos os dias na natureza; as plantas extraem da terra elementos inorgânicos, chamados "não vivos", e, sob o impacto da vida, ou do princípio vital, transmudam essas substâncias "mortas" em substâncias "vivas" — verdadeira ressurreição.

Os animais, por seu turno, assimilando as plantas, conferem sensibilidade a seres insensíveis.

Para realizar essas ressurreições, basta que a planta ou o animal consigam permear completamente do seu princípio vital ou sensitivo as substâncias não vivas ou não sensitivas, e assim as vitalizam ou sensitivizam.

Nada disso é milagre ou exceção das leis da natureza, mas uma constante afirmação e confirmação dessas mesmas leis.

Da mesma forma, não é milagre que o nosso corpo material, sob o poderoso impacto do espírito, a mais alta energia do universo, seja transformado em corpo espiritual, isento das leis de gravidade e dimensão que regem a matéria no plano inferior da existência.

O que aconteceu com o corpo de Jesus, em perfeita harmonia com as leis eternas da natureza, acontecerá com os outros corpos humanos, contanto que o espírito que vivifica esses corpos atinja suficiente grau de intensidade ou "voltagem", condicionada pelo grau de consciência. A consciência da nossa essencial identidade com Deus crea na alma um potencial energético que domina todos os planos inferiores de existência, espiritualizando o corpo e realizando assim a chamada ressurreição.

Um dos maiores obstáculos à compreensão desse processo

é o costume tradicional e errôneo de dividirmos a realidade em zona *natural* e zona *sobrenatural.* De fato, o sobrenatural é um simples refúgio da nossa ignorância. Para Deus não há sobrenatural, e quanto mais o homem se diviniza pela expansão da sua consciência, tanto mais perde a noção do sobrenatural e tanto mais natural considera tudo que é e acontece. Deus é infinitamente natural, e é esta a razão por que nós, sendo apenas finitamente naturais, o consideramos sobrenatural. Para o mineral, a vida da planta é sobrenatural. Para a planta, a sensitividade do animal é sobrenatural. Para o animal, a atividade intelectual do homem é sobrenatural. Para o homem simplesmente intelectual, o mundo espiritual é sobrenatural. Mas todas essas "sobrenaturalidades" são apenas relativas, tomadas da perspectiva do observador que se acha em plano inferior; visto do plano superior, o sobrenatural é natural. Do plano supremo ou divino, nada é sobrenatural, tudo é absolutamente natural.

Do plano do Cristo, a sua ressurreição não era sobrenatural, porque é da natureza do espírito plenamente evolvido ter perfeito domínio sobre a matéria e penetrá-la a tal ponto que ela obedeça às leis do espírito. Assim, o corpo de Jesus, plenamente espiritualizado, já não estava sujeito às leis da matéria bruta, que são gravidade e dimensão; ou melhor, o espírito do Cristo a tal ponto penetrara o corpo de Jesus que podia a bel-prazer isentá-lo das leis da matéria bruta ou a elas submetê-lo, como fez repetidas vezes, quer antes quer depois da sua morte. Quando se transfigurou no monte, flutuando livremente no ar, quando subitamente se tornava invisível em face de seus agressores, quando andava sobre as águas do lago, quando saiu do sepulcro fechado, quando visitava seus discípulos dentro de recintos fechados, quando ascendeu aos céus — nestas e em outras ocasiões o corpo de Jesus estava acima das leis da gravidade e dimensão. Habitualmente, conservava ele o seu corpo sujeito a essas leis a fim de poder ser percebido pelos sentidos materiais de seus discípulos e dos homens em geral. Se o nosso espírito possuísse o mesmo grau de evolução — isto é, de consciência da sua identidade com Deus — como o de Jesus, também nós teríamos perfeito domínio sobre o nosso corpo material, podendo eximi-lo das leis da física. Nem jamais cairíamos vítima de enfermidade como o corpo de Jesus, devido a essa completa espiritualização, nunca sofreu moléstia alguma.

O homem perfeito não será, pois, um homem sem corpo — que não seria homem na verdade —, mas um homem cujo princípio superior (alma) penetrou plenamente o princípio inferior (corpo).

"E haverá um novo céu e uma terra nova... Deus habitará no meio dos homens... E o reino dos céus será proclamado sobre a face da terra..."

Tudo isso faz parte do "pão nosso", porque está em perfeita conformidade com a natureza humana em toda a sua plenitude final.

Pai, que estás nos céus! Dá-nos hoje e sempre tudo que é conforme a nossa natureza humana, segundo Tu a concebeste desde o início, em toda a Sua perfeição e pujança...

Dá-nos que sejamos perfeitamente, para sempre, o que já somos de um modo imperfeito, agora — que sejamos seres humanos completos e integrais...

Pai dos céus, dá-nos tudo isto, porque é conforme a natureza humana que nos deste...

"PAI, PERDOA-NOS AS NOSSAS DÍVIDAS — ASSIM COMO NÓS PERDOAMOS AOS NOSSOS DEVEDORES"

Com esta petição entra Jesus nos vastos domínios da eterna lei cósmica do *dar e receber*, lei que, em síntese, pode ser formulada assim: *Ninguém pode receber mais do que dá*, porque é o *dar* que crea a capacidade do *receber*. Só posso receber aquilo que corresponde à minha receptividade; mas a minha receptividade é produzida e aumentada pela medida da minha vontade de dar. Logo, é matemática e metafisicamente certo que a medida dos dons que de Deus recebo corresponde à medida da boa vontade com que dou aos meus semelhantes o que tenho e o que sou. Na verdade, não posso dar a Deus esses meus dons, porque, sendo ele a infinita Plenitude, nada pode receber de mim nem de creatura alguma; mas, como o mundo está povoado de representantes de Deus, mais ou menos vazios, pobres, indigentes de corpo, mente e alma, tenho de encher esses vasos vazios ou semivazios com os dons que Deus me deu e dá cada dia; do contrário, obstruo a torrente dos dons divinos e corto o afluxo dessas dádivas. No plano das coisas materiais, geralmente, quem dá esses dons perde-os e é empobrecido, e quem se apodera das coisas físicas enriquece. Mas no plano do espírito é exatamente o contrário: quem dá aos outros o que tem é enriquecido — e quem se recusa a dar, ou até tira aos outros, é empobrecido. Se dou aos outros o meu saber, possuo-o em maior abundância do que antes. Quanto mais amor dou a meus semelhantes, tanto mais abundante possuo a riqueza do meu amor. Deus dá tudo e dá sempre — e nunca recebe nada de ninguém, porque é a Plenitude sem limites. Quanto mais divino o homem é, tanto mais vontade tem de dar e tanto menos deseja receber. O perfeito egoísta é um recebedor exclusivo — o perfeito altruísta é um doador universal. O egoísta é, por isso mesmo, a encarnação da indigência — como o altruísta é a personificação da abundância.

É nesse sentido que Jesus dizia: "Mais felicidade há em dar que em receber". E é com fino instinto psicológico que o nosso povo chama "miserável" o egoísta, o avarento, que adora como seu deus algum pedaço de metal. "Miserável" propriamente quer dizer pobre, indigente, mas a filosofia popular toma o termo em sentido de "infeliz", "desgraçado", o que é literalmente verdadeiro. Quem só pensa em receber é um escravo infeliz — quem de preferência pensa em dar é homem livre e feliz. A genuína felicidade está sempre na razão direta da alegria de dar — ao passo que a mais profunda infelicidade é sempre filha da mania de receber ou até de tirar e explorar. Nunca existiu na face da terra um doador infeliz — como nunca existiu um explorador feliz.

A verdadeira felicidade consiste na posse de tesouros imperecíveis, e estes valores eternos só podem vir da suprema Realidade, Deus. Mas esses tesouros só podem ser recebidos por quem é receptivo, e a creação dessa receptividade depende da minha interna atitude de generosidade e liberalidade, da facilidade com que partilho com meus semelhantes o que tenho e o que sou. É relativamente fácil dar aos outros o que temos, mas é difícil darmos o que somos, o nosso próprio Eu. Esse dar do próprio Eu, essa espontânea doação da própria pessoa em benefício de outros, é um *doar completo*, um *perdoar*.[5]

---

[5] Em todas as línguas a palavra "perdoar" é um composto de "dar" ou "doar". *Perdonare* (de *donare*, doar), *vergeben* (de *geben*, dar), *forgive* (de *give*, dar.) Os prefixos "per", "ver" e "for" denotam totalidade, plenitude, inteireza.

Um ser autoconsciente, como o homem, possui ilimitada capacidade ou potencialidade de alargamento interior, de expansão interna, ou seja, de perfectibilidade.

Sendo o *dar* um ato positivo do sujeito, marca o grau de sua potencialidade dativa. Sendo o *receber* algo negativo que o sujeito sofre da parte de um objeto, é claro que não pode aumentar a potencialidade do sujeito, mas antes diminuí-la e estreitar-lhe a capacidade dativa na razão direta da intensidade desse desejo ou dessa ganância de receber.

Quidquid recipitur, per modum recipientis recipitur, diziam os filósofos antigos. O objeto recebido é recebido de acordo com a disposição do recipiente. Se essa disposição, ou receptividade, for pequena e estreita, não pode ser grande e largo o objeto a ser recebido. A fim de receber dom maior deve o recipiente alargar a sua receptividade, o que é feito por meio de uma permanente atitude de doação, de autodoação, chamada geralmente amor. Podemos, pois, dizer que todo homem recebe os dons divinos na razão direta do seu amor para com Deus manifestado em humana benevolência.

No fim dessa explanação sobre o "perdoar", devemos lembrar que nem no original grego nem na tradução latina do Evangelho ocorre a palavra "perdoar". Em grego é *aphíemi*, que quer dizer desligar, soltar, libertar; a tradução latina é *demittere*, que significa demitir, soltar.

O sentido profundo é este: o ofendido deve desligar-se do ofensor, ignorá-lo, não tomar nota; não deve sentir-se ofendido. Somente é ofendível o homem-ego, ao passo que o homem-Eu é inofendível. O ego ofendível é como água, que é alérgica às impurezas do ambiente e é por ele contaminada. O Eu, porém, é como luz ("vós sois a luz do mundo"), que

---

De maneira que perdoar quer dizer "dar completamente", abrir mão de si mesmo, dar ou doar o próprio Eu a outrem; neste caso, ao ofensor. Em vez de imolar o ofensor a seu ódio, o perdoador imola-se a si mesmo, o ofendido, na ara do seu amor, abrindo assim de par em par as portas da sua alma ao influxo das torrentes divinas.

é absolutamente incontaminável pelo ambiente; não existe luz impura; ela é pura no meio de ambientes impuros. A imunidade da luz é absoluta, ao passo que a imunidade da água é relativa.

Assim, o Eu, que é luz, é inofendível, ao passo que o ego, que ainda é como água, é ofendível. Quanto mais ofendível alguém é, tanto mais ele é ego — e quanto mais inofendível alguém é, tanto mais ele é Eu. O ego sofre de *ofendismo crônico* e, não raro, de *ofendite aguda*. E, o que é mais estranho, muitas vezes o ego se sente ofendido; mesmo quando não há ofensor ele inventa pseudo-ofensas. Quem se sente ofendido confessa que se acha no mesmo plano do ofensor; quem não se sente ofendido está num plano acima do ofensor.

A lei de Moisés manda vingar a ofensa — "olho por olho, dente por dente". Certos teólogos mandam perdoar a ofensa. Mas, tanto o vingador como o perdoador provam que ainda estão no plano inferior da egoidade, uma vez que somente o ego é ofendível.

Melhor do que vingar ou perdoar é desligar-se, ultrapassar a horizontal do ego ofendível e subir para a vertical do Eu inofendível. Mahatma Gandhi, pelo fim da vida, foi perguntado se havia perdoado todas as injustiças a seus inimigos, e respondeu não, porque nunca ninguém o ofendera. Esta resposta prova que ele já não se achava no plano do ego ofendível, mas sim nas alturas do Eu inofendível.

No texto sacro, o sentido exato da palavra tradicional "perdoar" significa libertar, desligar, soltar, não se sentir credor de ninguém nem considerar alguém seu devedor.

"PAI, NÃO NOS DEIXES CAIR EM TENTAÇÃO"

Esta tradução vernácula revela extraordinária intuição do tradutor: abandonou a letra do texto a fim de guardar-lhe o espírito. Pois, no original grego, bem como na versão latina e em todas as outras traduções, o texto reza: "Não nos induzas em tentação". O tradutor português renunciou ao corpo a fim de ficar fiel à alma da petição. O que Jesus, de fato, disse foi sem dúvida o que temos em vernáculo: Não nos deixes cair (quando estivermos) em tentação.

Se pedíssemos a Deus que nos preservasse de qualquer tentação, estabeleceríamos flagrante incompatibilidade entre essa petição particular e o espírito cósmico de Jesus, como consta dos livros sacros em geral; admitiríamos que a tentação em si mesma fosse um mal, contrária à vontade de Deus — ao passo que na tradicional versão portuguesa não pedimos que Deus não nos deixe sobrevir tentação, mas que, em sobrevindo, nos dê forças para que dela saiamos vitoriosos. Se fosse um mal o ser exposto à tentação, seria incompreensível o que lemos no Evangelho: que Jesus foi conduzido ao deserto pelo Espírito (de Deus) "a fim de ser tentado pelo diabo". Quer dizer que o espírito divino induziu Jesus a uma situação de conflito, com a intenção de ser posto à prova. Não era, todavia, vontade de Deus que o tentado sucumbisse ao teste e caísse vítima da provação.

Isto, de ser posto à prova, é um fato universal aqui no mundo. Cada ser em evolução tem de passar por diversos testes, antes que atinja à sua perfeição. Os que saem vitoriosos da tentação, ou tensão, evolvem para níveis superiores.

A evolução humana consiste essencialmente na expansão progressiva da sua consciência, no desdobramento ou alargamento do seu Eu individual rumo à consciência universal; ou seja, na transição da consciência unilateral, egocêntrica, para a consciência onilateral, cosmocêntrica.

Nos períodos remotos, quando o homem era ainda infra-homem, creatura subconsciente, vivendo no plano do Éden terrestre, a sua ascensão consistia na transição do seu estado subconsciente para o nível consciente, isto é, para a egoconsciência — passo esse que o homem deu sob a sugestão da "serpente". Em todas as culturas do mundo, é a serpente o símbolo da inteligência. Também Jesus se serve do mesmo símbolo, quando diz "sede inteligentes como as serpentes". E, quando fala da serpente "erguida às alturas", refere-se à sublimação da consciência personal (ego) para a consciência universal (eu).

É doutrina de muitas igrejas cristãs que o homem, a princípio, se achava num nível elevado e puro, conhecendo perfeitamente Deus e sentindo-se cabalmente feliz nesse estado; mas que, um dia, por intervenção do inimigo de Deus (Satanás, simbolizado pela serpente) tenha caído dessa altura beatífica inicial, achando-se a humanidade atualmente em pecado geral (pecado original).

À luz da vidência dos grandes profetas e da sã razão, sabemos, hoje em dia, que o homem primitivo, quando emergiu das trevas da inconsciência ou das penumbras da subconsciência, entrou na luz matutina da consciência, ou melhor, da egoconsciência. Não é exato dizer que o homem "caiu" do primeiro nível para o segundo, uma vez que o segundo (a egoconsciência) representa um estado superior ao primeiro (a subconsciência). Seria mais exato dizer que o homem primitivo, digamos, o infra-homem, "ascendeu" para o nível do homem-ego. Mas, como o *infra-homem* não podia pecar, por não possuir a necessária consciência ou livre-arbítrio, e o *homem* dotado de consciência-ego pode pecar, parece-nos, à primeira vista, que aquele estado era superior a este, e que houve uma "queda" ou "descida" de um plano mais alto para um plano mais baixo. Nenhum irracional pode pecar, de onde não se segue que um cavalo ou cão seja mais perfeito que o homem. Os animais vivem ainda no "Éden", de onde o homem, na sua humanização (melhor seria "homificação"), foi expulso.[6] Foi expulso? Não, o infra-homem expulsou-se do paraíso da sua inocente subconsciência. A verdade é esta: que o homem ascendeu do nível da *impecabilidade* para o da *pecabilidade*, não do *pecado*, mas da *possibilidade* do pecado. O fato de o homem ser consciente não é pecado, mas uma porta aberta para o pecado. O animal não tem porta aberta para o pecado, precisamente por não ser consciente dos seus atos. "Pecado original" é essa possibilidade de pecar, o dom da consciência, que todo homem normal herda automaticamente de seus pais. Também a criança é potencialmente consciente, embora a sua consciência não esteja ainda atualizada. Quer dizer que toda a criança é potencialmente pecadora, embora não seja necessário que se torne de fato e atualmente um pecador. O irracional não é pecador, nem potencial nem atualmente.

Não pode haver creatura consciente e livre que não seja potencialmente um pecador. O livro do *Gênesis* exprime o fato da consciência e liberdade do homem com as conhecidas palavras "conhecedor do bem e do mal"; o homem "comeu do fruto da árvore do conhecimento". Nenhum animal comeu desse fruto; se o fizesse, também ele entraria na zona da pecabilidade.

E essa pecabilidade persiste no homem enquanto a sua consciência continuar a ser *imperfeita*. O único modo de

---

[6] De onde não se deve concluir que o homem primitivo fosse animal — se assim fora, nunca se teria tornado homem. O homem primitivo era potencialmente, mas não atualmente consciente. Não consta que algum animal seja potencialmente consciente, podendo, algum dia, vir a ser homem (embora certas pessoas defendam essa possibilidade).

destruir a pecabilidade humana é pelo advento da *consciência perfeita*, como aconteceu com Jesus de Nazaré. O Cristo é impecável pelo fato de ter transcendido a consciência-ego e ter atingido a consciência cósmica.

O animal é impecável por falta de consciência. O homem comum é pecável devido à sua consciência-ego.

O Cristo é impecável por causa da posse da consciência cósmica.

Afirmam todos os grandes videntes, sobretudo São Paulo, que essa transição da consciência personal (revelada no egoísmo) para a consciência universal (revelada no amor) é possível a todos os homens, suposto que sigam o mesmo caminho que Jesus de Nazaré seguiu, na sua jornada ascensional. Dia virá em que a humanidade chegará à sua completa adultez e madureza. Se assim não fosse, que importância teriam para nós o exemplo e a vida de Jesus? Se ele não fosse "o primogênito entre muitos irmãos", nosso irmão mais velho, que já chegou ao termo da jornada em que estão empenhados ainda seus irmãos mais novos — se assim não fosse, não existiria entre nós e ele um elo ou uma ponte por onde pudéssemos chegar até onde ele chegou.

* * *

Ora, a "tentação", a que pedimos a Deus não nos deixe sucumbir, é a não transição da nossa atual consciência-ego para a futura consciência universal; ou, em termos bíblicos, a não transição do "poder de Satanás" para o "reino do Cristo". Satanás não é um ser individual, mas uma mentalidade, um estado de consciência. A satanidade consiste na estagnação no nível da consciência-ego e na negação da ascensão ao nível superior da consciência universal.[7]

---

[7] Ver o livro "Lúcifer e Logos", do mesmo autor.

E como a consciência personal se revela invariavelmente em atos de *egoísmo* (todo pecado é essencialmente egoísmo), e como, por outro lado, a consciência universal se manifesta sempre numa permanente atitude de *amor*, amor incondicional e universal para com todas as creaturas do Creador, podemos dizer que o reino do egoísmo é o domínio de Satanás, e o império do amor é o reino do Cristo. Quem cede ao egoísmo e renega o amor declara-se aliado de Satanás; quem superou o egoísmo e vive habitualmente uma vida de amor é discípulo de Cristo.

Muitos sucumbem à tentação do egoísmo, mas reerguem-se e com novo ânimo procuram subir a senda do amor — estes não pertencem ao reino de Satanás.

Alguns aboliram definitivamente o egoísmo e vivem permanentemente na atmosfera divina do amor, de um amor universal, radiante, jubiloso — são estes os que triunfaram definitivamente sobre a tentação do Satan do Ego e vivem no reino de Deus, agora e para sempre.

"Pai, não nos deixes cair em tentação!"

“MAS LIVRA-NOS DO MAL”

A partícula “mas” é de suma importância, porque liga esta última petição à precedente, com sentido adversativo: “Não nos deixes cair em tentação, mas livra-nos do mal”. Este “mal” é idêntico ao “cair em tentação”, isto é, sucumbir à tentação, à qual Deus nos expõe, como expôs a Jesus e como expõe todos os homens. Entrar em tentação é a vontade de Deus, porque sem tentação, ou tensão, não haveria possibilidade de progresso e ulterior perfeição, que consiste essencialmente na expansão da consciência-ego rumo à consciência cósmica, ou seja, na transição do egoísmo unilateral para o amor onilateral.

O homem primitivo superou a tentação de ficar no inconsciente e entrou no egoconsciente — mas até hoje muitos não superaram a egoconsciência para entrar na cosmoconsciência.

O mal que pedimos de que Deus nos livre é a permanência nesse estado da egoconsciência, no qual existe a possibilidade do pecado. O homem, depois de comer do “fruto da árvore do bem e do mal”, entrou no plano da egoconsciência e, enquanto não comer do “fruto da árvore da vida”, não sairá desse estado de pecabilidade. A cosmoconsciência, ou Cristo-consciência, é um estado de impecabilidade.

A petição “livra-nos do mal” é uma petição de conscientização superior, de evolução ascensional, para além da estagnação horizontal. Estagnar na egoconsciência nos expõe ao perigo do terceiro servo da parábola dos talentos, que não progrediu, e por isso regrediu; pois toda estagnação acaba em involução. O terceiro servo era "mau e preguiçoso" porque não atualizou a sua creatividade potencial, e por isso perdeu até essa potencialidade creadora, deixando de ser creatura humana.

Pedimos a Deus que nos livre do mal da estagnação a fim de não regredirmos pela involução.

* * *

Na parábola do filho pródigo vem esse fato simbolizado com profunda verdade e alta dramaticidade; aquele jovem (infra-homem) abandona a casa paterna (o Éden da primitiva inconsciência) e vai em demanda de terras estranhas (a zona ignota da egoconsciência), onde começa a sofrer miséria ao ponto de ver degradado a pastor de uma manada de animais imundos (resultado da extrema egoficação da consciência personal antes da sua cristificação pela consciência universal); nesse ponto crítico, antolha-se-lhe a alternativa: ou retrogradar ao nível da impecabilidade e paz negativa do animal ("ansiava por encher o estômago com as vagens que os porcos comiam"), ou então progredir para o plano da impecabilidade e paz positiva do Cristo; a sua alma, "imagem e semelhança de Deus", impeliu-o rumo à segunda alternativa ("voltarei à casa de meu pai"), de acordo com as eternas leis cósmicas, ou seja, a vontade de Deus. As subsequentes solenidades na casa paterna, a alegria do pai e do filho, traduzem o estado da consciência cósmica do homem plenamente evolvido ou cristificado, em harmonia com a vontade de Deus.

Quem compreende o sentido real desta parábola, compreende também a atitude do filho mais velho, que se nega a participar das solenidades e até se recusa a chamar aquele jovem seu "irmão", senão apenas "o filho de seu pai". De fato, não eram irmãos esses dois, porque não existia afinidade real entre eles, entre o redento e o irredento, entre o pleni-homem e o infra-homem, entre o homem cristificado e o homem ainda no nível da neutralidade.

Se a parábola do filho pródigo fora escrita por algum talentoso literato humano, e não obra do gênio do Nazareno, provavelmente encontraríamos nela um protesto da parte do pai do jovem aventureiro, procurando dissuadi-lo do seu intento e acenando-lhe com maior liberdade na casa paterna; possivelmente, leríamos também algo sobre as lágrimas de uma boa mãe — o que significaria uma radical adulteração do caráter cósmico da parábola, que não é senão uma grandiosa síntese simbólica do drama multimilenar da humanidade, desde o nível da inconsciência, através do estágio da consciência-ego, até às serenas alturas da consciência cósmica. Sendo que o pai representa Deus, só cabe no plano da história um silêncio absoluto do pai em face da resolução do filho, porquanto, segundo as leis eternas, a partida do jovem inexperiente é um necessário prelúdio para sua completa autorrealização.

* * *

Teria sido um "mal" para o infra-homem permanecer para sempre no Éden da sua subconsciência, ignorando o "fruto do conhecimento" — como, por outro lado, seria também um "mal", e mal ainda maior, se o homem de hoje, já dotado de consciência-ego, permanecesse para sempre nesse plano e se recusasse a ascender ao nível superior da consciência universal, ou, em linguagem bíblica, se o homem ficasse escravo do "poder de Lúcifer" e jamais ingressasse no "reino do Logos".

A tentação a que Jesus foi exposto no deserto é substancialmente idêntica àquela a que todo homem é submetido durante a sua vida terrestre, a saber, a sugestão luciférica de permanecer no nível da consciência personal, no plano do Ego. Todo homem que obedece a essa sugestão do seu Lúcifer interior e se nega a subir às alturas do Logos está no "inferno", isto é, num plano "inferior", de onde não sairá enquanto não mudar de mentalidade. Sendo que o homem creou o seu inferno, pode também abolir o inferno por ele creado, como também o pode eternizar.

No passado, o homem passou do não ego para o ego.

No presente, o homem luta por passar do seu ego personal para o Eu Universal.

No futuro, quando a humanidade tiver atingido esse Eu Universal, será o reino de Deus proclamado sobre a face da terra. Sucederá o amor universal ao egoísmo individual — será abolido o pecado.

A transição do ego para o Eu divino, ou seja, a *desegoficação* culminando em *cristificação*, é que é conversão, redenção, salvação, renascimento espiritual, reino dos céus, vida eterna, autorrealização.

* * *

Na última parte do Pai-nosso pedimos, pois, a Deus que nos livre do mal, do único mal verdadeiro, que consiste na *egolatria*, na divinização do ego, na adoração do nosso ego personal como sendo a suprema realidade e o último destino da nossa vida; pedimos-lhe que nos livre ou preserve da estagnação do nosso ego neste plano da consciência personal, que nos impede de enxergar o nosso verdadeiro destino, a ascensão ao plano superior do Cristo.

Como se vê, a verdadeira autorrealização é idêntica à cristificação ou divinização do homem.

Livra-me, Senhor, do mal de eu me isolar na estreiteza do meu pequeno ego humano e perder de vista os vastos horizontes do teu grande Tu divino!

Livra-me, Senhor, da maldição de eu querer ser para sempre o que hoje sou e de não me tornar o que posso vir a ser!

Livra-me, Senhor, da desgraça de eu me conformar com este mundo de egoísmo e de não me transformar naquele grande mundo de amor revelado em Cristo Jesus!

Livra-me, Senhor, da horrível cegueira de eu identificar o meu ser com o meu corpo e de não compreender que eu sou essencialmente a minha alma!

Faze-me compreender, Senhor, cada vez mais claramente que não sou o que pareço ser aos meus olhos físicos, mas que sou o que Tu és, espírito do Teu espírito, imagem e semelhança Tua, participante da Tua natureza divina... E, uma vez que sou *o que Tu és*, faze que eu seja também *como Tu és*, que eu *faça o que Tu fazes*, que eu *ame tudo o que Tu amas*. Também, como podia eu ser o que Tu és e não amar o que Tu amas? Como podia eu desamar algum objeto do Teu amor? Que sacrilégio seria se eu odiasse algum dos seres, humanos ou não humanos, que Teu amor creador chamou à existência e conserva no plano do ser, dia a dia? Como podia eu ser tão antidivino de malquerer algo que Tu benqueres? Eu, que sou espírito do Teu espírito, substância da Tua substância?...

A *mística* do Teu conhecimento produz necessariamente a *ética* da minha vida...

Eu Te amo, meu Senhor e meu Deus, meu Soberano e meu Pai, eu Te amo de todo o meu coração, de toda a minha alma, de toda a minha mente e com todas as minhas forças — e, porque assim Te amo, amo também o meu próximo como a mim mesmo e incluo na vastidão da minha simpatia todos os seres que Teu poder produziu, Tua sabedoria governa e Teu amor reveste de beleza e felicidade...

"Não me move, Senhor, para querer-Te
A glória que me tendes prometido,
Nem me move o inferno, tão temido,
Para deixar por isto de ofender-Te...
Minha alma em Te amar tanto se esmera
Que, ainda a faltar o céu, eu Te amara,
E, não havendo inferno, eu Te temera;
Nada, por te amar, de Ti espero,
E, se ainda o que espero, não esperara,
O mesmo que Te quero, eu Te quisera...

....

Pai nosso, que estás nos céus!
Santificado seja o Teu norne...
Venha a nós o Teu reino...
Seja feita a Tua vontade, assim na terra como nos céus...
O pão nosso de cada dia nos dá hoje...
Perdoa-nos as nossas dívidas, assim como nós perdoamos
[aos nossos devedores...
E não nos deixes cair em tentação,
Mas livra-nos do mal. Amém."

A CONSCIÊNCIA DA PRESENÇA DE DEUS E SEUS EFEITOS

Depois de termos conduzido o leitor através da metafísica do Cristianismo, à luz das palavras eternas do Pai-nosso — não queremos deixar de o prevenir contra um grande perigo.

Em hipótese alguma pense o leitor que possa conhecer devidamente o verdadeiro sentido das palavras de Jesus à força de simples estudos e análises intelectuais. Estudo e análise são úteis e até certo ponto necessários — mas não são suficientes para crear vida espiritual. Nenhum santo, místico ou vidente de Deus adquiriu desse modo o seu conhecimento sobre o reino dos céus. A força que domina o mundo, o poder do alto, o entusiasmo religioso, a irresistível dinâmica dos mártires e apóstolos de Deus, a exultante audácia do verdadeiro místico que ignora impossíveis, a cruz transformada de símbolo de ignomínia a epopeia de glórias, a transbordante alegria dos grandes arautos do reino de Deus na terra — nada disso deriva de um estudo meramente teórico, tudo isso é filho da oração, de uma intensa e profunda consciência da presença de Deus. Quem não conhece Deus intuitivamente, pela experiência direta e imediata, sempre tem algo que temer, sempre tem de especular e calcular meticulosamente, para que seus pequeninos interesses pessoais não sofram prejuízo, e seus queridos ídolos não sejam derribados dos seus tronos — mas quem tem contato pessoal com Deus pela experiência mística nada tem que temer; a própria morte, esse ominoso espectro para todo profano, não inspira terror ao iniciado, porque não existe: ele já vive a sua imortalidade aqui na terra; quer tenha corpo quer não, isso não faz a menor diferença, uma vez que sabe, e não apenas crê, que ele não é o seu corpo, mas sim sua alma. E assim, pode o homem realmente espiritual jogar-se sem reserva, de corpo e alma, ao oceano imenso dos trabalhos pelo reino de Deus, na certeza de que nenhum mal lhe pode acontecer; pois, se Deus está por ele, quem estaria contra ele? Por isso, o homem espiritual é o único homem que pode trabalhar com 100% de eficiência, dinâmica e entusiasmo.

Mas tudo isso supõe que ele tenha de fato experiência pessoal com Deus, experiência que só se adquire na oração ou cosmomeditação.

É, pois, necessário, e absolutamente indispensável, que o homem, não disposto a se iludir a si mesmo, se abisme, frequentemente e com crescente intensidade, em Deus, a ponto de poder dizer com Jesus: "Eu e o Pai somos um". É necessário que de fato viva uma vida de perene comunhão com Deus, que "ore sempre e nunca desista de orar".

Mas, para que a vida humana possa decorrer habitualmente na luminosa e dinâmica atmosfera dessa permanente consciência de Deus, é necessário que o estudante dessa arte das artes dê certo tempo à meditação diária, uma hora ou meia hora durante a qual ele se isole do mundo externo, "entre no seu cubículo, feche a porta" a todas as intrusões de fora e se recolha totalmente em Deus e sua alma. Durante essa hora de silencioso diálogo entre Deus e a alma, ou esse profundo solilóquio com o Infinito, deve o homem impor completo silêncio a seus sentimentos psicofísicos, como também a seus pensamentos discursivos, focalizando sua consciência espiritual na única Realidade, transcendente e imanente, Deus, permitindo que a Luz Eterna lhe ilumine a alma, que lhe dê forças e a torne cada vez mais nitidamente consciente da sua essencial identidade com Deus.

É necessário escolher para essa hora sagrada a melhor

— e não a pior — hora do dia, quando o corpo esteja mais descansado e a alma mais tranquila e receptiva.

A princípio, esse total egoesvasiamento será trabalho pesado e árduo, e muitas vezes o principiante se verá à beira do desânimo, principalmente quando não vê nenhum resultado suscetível de estatística. Se, todavia, prosseguir, imperturbável e com crescente intensidade, verá a sua vida paulatinamente transformada, sob a ação silenciosa do fermento divino, sob o impacto sutilmente poderoso dessa diatermia mística. Verá que, aos poucos, essa hora de meditação matutina acabará por se lhe tornar querida e docemente necessária, e se, algum dia, por motivo imperioso, não a puder praticar, sentirá essa falta como quem ficou em jejum e anseia por tomar alimento.

Nos primeiros tempos, essa maravilhosa luz divina será limitada à hora feliz da meditação, e o meditante, quando voltar aos trabalhos diários, sentirá dolorosamente a extinção dessa luz e o desaparecimento da força espiritual, na medida em que se vai distanciando da hora da meditação. Aos poucos, porém, com a progressiva intensificação da absorção em Deus, vai ele difundindo algo dessa luz sobre as restantes horas do dia, até permeá-lo todo dessa divina claridade. Verificará então que, sob o misterioso influxo do frequente colóquio com Deus, todos os trabalhos do dia, mesmo os mais prosaicos e enfadonhos, acabarão por se tornar agradáveis, aureolados por um halo de luz sobrenatural, que lhes confere um quê de simpático e sorridente. Percebe, por fim, que tudo é belo neste mundo de Deus quando posto dentro da luz da experiência de Deus...

* * *

Essa conscientização da presença de Deus é de absoluta necessidade para a sanidade espiritual do homem e, portanto, a única regeneração possível da sociedade. Qualquer outro tentame de regeneração social é ilusório e inoperante.

A verdadeira vida de meditação exige uma tremenda disciplina do espírito e equivale, não raro, a uma dolorosa intervenção cirúrgica no organismo doentio da alma. O homem que pratica a meditação ou deixará de ser pecador ou deixará de meditar. Ou a meditação acaba com o pecado ou o pecado acaba com a meditação. Não é possível que estas duas coisas coexistam, lado a lado, por muito tempo, dentro da mesma alma. São como fogo e água, como luz e treva. O homem não pode orar de um modo e viver de outro. A razão principal por que muitos homens não levam uma vida de oração é porque a vida que levam não é compatível com o espírito da oração, e como é mais fácil, segundo a lei da inércia moral, abandonar a oração do que deixar o pecado, é natural que este seja mantido e aquela sacrificada...

A oração, ou meditação, quando genuína, implica a mais inexorável sinceridade do orante para consigo mesmo. Todos os grandes feitos da história são filhos da oração.

O objetivo da oração não consiste numa tentativa pueril de mudar a vontade de Deus — mas sim num esforço sincero de conformar a nossa vontade com a vontade de Deus.

O fim da oração não é conseguir algum objeto externo — mas sim curar o próprio sujeito; porquanto a única coisa do mundo que pode estar errada é a atitude do ser humano, consciente e livre. O resto está sempre certo.

A oração ou meditação tampouco é um substituto do trabalho — é antes o mais árduo de todos os trabalhos e, ao mesmo tempo, a mola secreta que encerra a força para todos os outros trabalhos positivos e eficientes da vida humana.

* * *

A iniciação espiritual do homem e seu progresso nesse terreno dependem essencialmente da sua capacidade de orar. Sendo que Deus é a única Realidade, tanto maior e mais poderoso é o homem quanto mais íntima for a sua união com Deus. A oração é o dínamo gerador de todas as energias, porque estabelece a ligação com a "usina" divina; cortada a ligação com a fonte da luz, apagam-se todas as luzes. A razão última desse caos em que a humanidade se debate está no abandono da comunhão com Deus. As próprias igrejas cristãs perderam, grandemente, o espírito da oração, julgando poder resolver os problemas humanos por meio de conferências, congressos e discussões teológicas. Toda e qualquer outra medida — política, econômica, social, científica, etc. — é ineficiente se não correr paralela e se basear em uma intensificação da comunhão com Deus — isto é matematicamente certo, embora seja considerado ridículo pelos "grandes" deste mundo que julgam dirigir os destinos da humanidade. Mais que em outro ponto qualquer têm as igrejas cristãs falhado em cumprir a sua missão nesse particular. A teologia escolástica suplantou praticamente a intuição mística. Os eruditos substituíram os santos. A inteligência matou o espírito. Muitos são os cristãos que sabem lindas coisas sobre Deus, poucos são os crísticos que conheçam Deus. Uma coisa é estudar teologias sobre Deus, outra coisa é ter experiência de Deus.

A oração na sua forma mais genuína e intensa é a meditação, o silencioso colóquio ou a comunhão com Deus.

É absolutamente certo que o homem que não pratica, regular e intensamente, essa comunhão com Deus não é homem espiritual, e sua atividade no terreno social não produzirá resultados duradouros. Por isso, o cultivo de uma vida de oração no seio das igrejas cristãs, e da humanidade em geral, é o requisito número um para a regeneração da humanidade. Para o homem de oração não há problema insolúvel.

* * *

A cosmomeditação, de que falamos, não consegue se esvaziar totalmente de qualquer conteúdo do ego humano, na absoluta certeza de que onde há uma vacuidade acontece uma plenitude. O total egoesvaziamento produz infalivelmente uma teoplenificação. O homem será plenificado de Deus na razão direta em que se esvaziar de si mesmo.

Essa teoplenificação não é obra do homem — obra do homem é somente o egoesvaziamento; o resto acontecerá automaticamente. E a teoplenificação resolve todos os problemas da vida humana.

Para os principiantes é importante saber que esse esvaziamento da egoconsciência sem a manutenção da consciência espiritual conduz a um transe ou uma auto-hipnose, que anulam qualquer efeito espiritual. O meditante deve ser 0% pensante e 100% consciente. O pensamento é um processo de sucessividade mental — ao passo que a consciência é um estado de simultaneidade espiritual. O pensamento sucessivo nos torna inquietos — a consciência simultânea nos enche de profunda tranquilidade e inefável felicidade.

Em vez de definirmos teoricamente o que é essa comunhão com Deus, passaremos a descrever alguns dos seus efeitos.

Depois de um certo período de meditação diária, intensamente vivida, fará o homem dentro de si mesmo uma série de grandes descobertas.

1 — Verificará, antes de tudo, que está livre, ou em vias de libertação, dos dois maiores inimigos da sua felicidade: o *ódio* e o *temor*. Verificará que já não odeia pessoa alguma nem teme coisa alguma. Qualquer psicólogo, psiquiatra ou psicoterapeuta dos nossos dias sabe — como já sabiam os antigos gênios filosóficos e religiosos — que são estes dois fatores, o ódio e o temor, que fazem o homem doente, espiritual e psiquicamente, e, não raro, também fisicamente. Os manicômios, hospitais e penitenciárias lá estão como testemunhos desta verdade; e milhares de lares domésticos são verdadeiros infernos por causa desses inimigos traiçoeiros da humanidade.

Ódio e temor são atitudes negativas da alma, e é sabido que toda atitude negativa, quando diuturnamente alimentada, acaba por envenenar o seu autor. O homem que odeia volta-se contra a pessoa de quem julga ter recebido injúria e que, por isso, considera seu "inimigo", procura pagar-lhe mal com mal e, possivelmente, com o maior dos males físicos, a morte. Não sabe que, com essa atitude negativa e odienta, inflige a si mesmo um mal muito maior do que, eventualmente, possa infligir a seu chamado "inimigo". O mais prejudicado pelo ódio é sempre o *sujeito* e não o *objeto* desse ódio; uma vez que aquele é a causa ativa e produtora do mal, e este apenas a vítima passiva que o sofre. O objeto do ódio pode, no pior dos casos, perder a vida física, mas o sujeito do ódio, em qualquer hipótese, quer mate quer não mate a pessoa odiada, perde, e já perdeu, a saúde e integridade metafísica do seu Eu. Ódio é um processo *reflexivo*, e não meramente *transitivo*; a sua ação deletéria não termina no odiado, mas reverte ao odiador; o odiado é, quando muito, atingido na superfície, na parte material, do seu ego, ao passo que o odiador recebe em cheio o impacto dessa terrível "bomba atômica" de sua própria fabricação, que tencionava lançar contra seu "inimigo".

"Não pagueis mal com mal! Amai vossos inimigos! Fazei bem aos que vos fazem mal..."

Há quem considere esses imperativos categóricos do Sermão da Montanha como idealismo ético, mas praticamente impossíveis e absurdos. Não sabem esses ignorantes que vai nestas palavras uma alta filosofia prática da vida humana, e a única sabedoria realmente eficiente. Bem sabia o profeta de Nazaré que não há saúde e felicidade no homem que alimenta ódio e ressentimento.

Ora, o homem cristificado compreende essa sabedoria divina e por isso aboliu definitivamente qualquer ódio e rancor; não é inimigo de ninguém, embora outros se digam inimigos dele. Judas era inimigo de Jesus, mas Jesus não era inimigo de Judas, tanto assim que ainda no momento mais negro da vida de Iscariotes Jesus lhe chama "amigo" e retribui o beijo da traição com um ósculo de sincera amizade.

Se outra razão não houvesse, valeria bem a pena fazer meia hora de meditação diária a fim de atingir esse glorioso estado de isenção de ódio.

Isenção de ódio? Não, é muito mais que isso: é um positivo amor para com todos os seres, humanos e infra-humanos. E esse amor não é meramente um tal ou qual sentimento emocional nem o efeito de uma simples endoutrinação teórica ou dum arranjo artificial *ad hoc*: é o resultado espontâneo da intuição da Verdade; pois o iniciado é o vidente da Verdade absoluta, da Realidade eterna; ele sabe por vidência interna que todos os seres são, em última análise, seus irmãos, mais ou menos avançados, como vem tão magnificamente expresso no "Cântico do Sol" de São Francisco de Assis, um dos homens mais perfeitamente cristificados que a história conhece; esse homem sabe que todos os seres do universo são filhos do mesmo Pai celeste, efeitos da mesma Causa primária, águas da mesma Fonte divina, raios do mesmo Foco luminoso, eflúvios do mesmo Amor creador. Ele ama o que Deus ama — e como podia deixar de o fazer, se está identificado com o divino Amante de todos os seres? Como poderia o homem cometer o abominável sacrilégio de odiar algum ser sabendo que é objeto do amor de Deus?

Esse amor universal que anima o iniciado é, pois, o resultado imediato e infalível da sua intuição cósmica. A vasta horizontalidade da sua ética assenta alicerces na profunda verticalidade da sua metafísica. O amor que ele pratica é filho da verdade que ele vive. E é por isso que a sua ética não lhe é cruciante e penosa, mas, sim, deleitosa e fácil.

* * *

É também esta a razão porque o homem cristificado desconhece *temor*. Temor, como dissemos, supõe ignorância; mas o iniciado é o sábio por excelência; sabe que nada o pode prejudicar, uma vez que nenhum ser externo pode frustrar-lhe a consecução do destino eterno. Por isso, o homem espiritual, vidente da verdade, vive sem temor e intimamente tranquilo e feliz. As "desgraças" que, porventura, atinjam sua vida não passam de tempestades de superfície; as profundezas do seu oceano interno permanecem sempre em perfeita paz e bonança. E por ser ele um homem essencialmente pacífico, pode ser também um grande pacificador, um creador e restaurador de paz, não tanto pelo que diga ou faça, mas pelo que é dentro de si mesmo. Compreende o sentido profundo das palavras de Jesus: "Bem-aventurados os pacificadores, porque serão chamados filhos de Deus".

* * *

2 — Depois que alguém praticou, por suficiente lapso de tempo e com a devida intensidade, a sua comunhão diária com Deus, verificará, a princípio, que a luz da meditação matutina se vai extinguindo gradualmente na medida em que ele volta aos seus afazeres profissionais. E isso o enche de tristeza, porque desejaria viver nessa luz divina horas seguidas, possivelmente o dia todo. Chega quase a invejar a sorte dos eremitas que passam a vida em perene meditação, como se em permanente êxtase de alienação das coisas do mundo. Renuncia, porém, a esse desejo e continua a cumprir fielmente os seus árduos deveres profissionais, que lhe parecem prosaicos depois da poesia celeste daquela meditação matutina.

Mas eis que vai verificando aos poucos, na medida do seu progresso, que essa luz divina e esse ardor espiritual continuam a persistir parcialmente durante o dia, projetando reflexos sobre a zona dos seus trabalhos comuns, iluminando-os, acalentando-os, cingindo-os de um halo de sorridente simpatia e leveza. E, na razão direta em que esses reflexos se vão intensificando e ampliando, à guisa dos círculos concêntricos na superfície plácida de um lago atingido por algum objeto, verifica o homem espiritual que os seus afazeres diários, mesmo os mais fastidiosos e antipáticos, vão perdendo o seu prosaísmo, revestindo-se de um quê de simpática amabilidade. Haviam-lhe dito que o homem espiritual era imprático e ineficiente nas coisas do mundo, porque não podia ao mesmo tempo interessar-se pelas coisas do espírito e pelas coisas da matéria. Mas o homem de meditação profunda e perseverante verifica o contrário: descobre que os seus trabalhos profissionais ganham em eficiência e dinâmica na razão direta da sua espiritualização. É que ele faz agora com alegria e inteira dedicação os mesmos trabalhos que, outrora, fazia a contragosto ou com indiferença, por mera obrigação e indispensável meio de vida. Esses mesmos trabalhos, seus tiranos de ontem, são seus amigos de hoje, porque a imersão diária no maravilhoso mundo de Deus dá alma e significação a tudo. Esse homem solveu o doloroso problema da vida que atormenta milhões de infelizes, escravos dos trabalhos que detestam; descobriu o segredo de *amar* o seu *dever*, de responder com um sorridente *eu quero* ao lúgubre *tu deves*.

3 — Cedo ou tarde, o homem de meditação diária também descobrirá que possui plena certeza da *existência de Deus e da vida eterna*. Em tempos idos procurou ele adquirir essa certeza por meio de processos silogísticos e especulações intelectuais. Alinhava eruditos argumentos uns ao lado dos outros, como um viandante que lança pedras no leito dum rio a fim de chegar à margem oposta, saltando de pedra em pedra. Era impecável a cadeia silogística que ele forjava a fim de captar Deus nas malhas sutis da sua rede filosófica — mas tinha de verificar cada vez que Deus não era o resultado final de nenhuma análise intelectual, que Deus não aparecia sob a objetiva do microscópio, nem mesmo do mais poderoso microscópio eletrônico, nem tampouco era achado no fundo das provetas, tubos e cadinhos de reagências químicas... Convenceu-se, por fim, após muitas decepções, que Deus e a vida eterna não são coisas verificáveis por análise alguma de caráter intelectual, mas que são atingidos por intuição espiritual, pela grande intuição cósmica de uma vida retamente vivida, e não de um silogismo corretamente construído...

E essa grande síntese vital tem o seu foco nas luminosas profundezas da meditação intensa, onde se opera o contato direto entre Deus e a alma humana.

Certeza espiritual não vem de provas e demonstrações, vem de experiência interna. O homem de meditação descobre essa fonte eterna de toda a religião. Compreende a inabalável certeza que os grandes gênios religiosos possuíam de Deus e da vida eterna. E essa certeza, haurida de uma experiência imediata, confere ao homem iniciado um sentimento profundo de poder, de segurança, de tranquilidade e de serena felicidade, de que o profano e inexperiente não tem a menor ideia. Uma e muitas vezes terá esse homem de ouvir da parte de dogmáticos que essa "certeza" não passa de uma bela miragem e ilusão subjetiva; que a verdadeira certeza provém da obediência incondicional à autoridade eclesiástica. O verdadeiro iniciado, porém, sabe, com toda a humildade e com toda a firmeza, que a sua certeza é sólida e objetivamente válida, embora ele não seja capaz de comunicá-la aos que não passaram pela mesma experiência. O próprio Jesus não valeu convencer os sacerdotes da sua igreja do que ele mesmo sabia de Deus e do seu reino. É que ele intuía *Deus*, ao passo que os chefes da sinagoga só sabiam certas coisas *sobre Deus*. Nenhum iniciado pode transmitir aos profanos o que sabe, uma vez que experiências diretas não são transmissíveis. Se o fossem, haveria a possibilidade de "contrabando" ou intrusão ilegítima no reino de Deus — o reino dos céus, porém, é o único reino onde não existe contrabando e ilegalidade. Não posso passar procuração a nenhum dos meus amigos, nem posso encarregar o ministro ou sacerdote da minha igreja de ter em meu lugar experiência divina e depois transferi-la para minha conta pessoal. Isso seria contrabando, processo ilegal, salvação automática, *ex opere operato*. Meus amigos e correligionários, é certo, quando mais avançados do que eu, podem auxiliar-me grandemente nessa aventura suprema da minha vida, mas não a podem fazer por mim. Em última análise, sou eu mesmo que devo encontrar-me face a face com Deus, no meio do profundo silêncio de todas as creaturas, no meio de absoluta solitude — eu, só com Deus...

É assim que o iniciado pela meditação faz a jubilosa

descoberta de que *liberdade pessoal e certeza espiritual*, duas coisas aparentemente incompatíveis, se fundem numa grandiosa síntese e em perfeita harmonia.

* * *

4 — Talvez a mais estranha experiência por que o amigo da meditação diária passa é o aparecimento da *still small voice* de que tanto fala Mahatma Gandhi na sua autobiografia, quer dizer, de uma voz misteriosa que, não obstante o seu profundo silêncio, se revela com grande clareza e poder no interior do homem espiritual. Essa voz íntima se faz ouvir cada vez que o homem se ache em perigo de resvalar em um plano inferior ou de fazer compromissos ambíguos com o mundo profano. A princípio, essa voz é tão fraca que é mal perceptível, sobretudo no meio dos ruídos do mundo. À medida, porém, que o homem vai apurando o seu ouvido interno em concentrada meditação e pureza de vida e escutando o trovejante silêncio de sua alma, perceberá que essa voz se avoluma e torna cada vez mais clara e precisa, chegando a constituir-se em verdadeiro guia e anjo tutelar. Em momento de dúvida, basta que ele se concentre por uns momentos, se dispa de todo o egoísmo pessoal — e logo terá resposta clara e definitiva às suas dúvidas, e diante dele está o caminho reto a seguir. Essa voz íntima é Deus mesmo, que se revela pela consciência humana. Mas é necessário que o homem se habitue a ouvir a voz da consciência e não interprete falsamente as suas mensagens. Essa falsificação é muito óbvia e frequente e terá lugar toda vez que o homem procurar tirar vantagem pessoal dos seus atos, algum interesse peculiar para seu ego. Por isso, é de suma importância que o homem se dispa de todo e qualquer motivo egoístico quando escuta a voz da consciência; do contrário, tomará seus próprios desejos subjetivos pela revelação de Deus.

É, todavia, dificílima essa "desegoficação" e supõe inexorável sinceridade com nós mesmos. Gostamos naturalmente de iludir-nos e tomar os nossos desejos pessoais pela voz da consciência. O homem, porém, que atingiu as alturas serenas de uma retilínea auto-honestidade e evita sistematicamente as curvilíneas manobras do sagacíssimo ego está livre do perigo de aberração e, seguindo o caminho indicado pelo misterioso monitor interno, chegará infalivelmente ao reino de Deus.

* * *

5 — Paralelo a essas gloriosas conquistas asseguradas pela meditação profunda, corre um processo de *libertação gradual da tirania do ambiente*.

O homem profano nem sabe como está escravizado, não só pelas circunstâncias externas da sociedade, mas ainda mais pelas circunstâncias internas do seu próprio ego físico, mental e emocional.

Dourou as grades férreas da sua prisão e se convenceu de que mora num palácio em plena liberdade. A tal ponto se habituou ao cárcere em que vive habitualmente que adora os seus queridos tiranos mentais e emocionais.

Só depois que esse homem teve um vislumbre do céu azul da verdadeira liberdade através das grades da sua prisão, só então percebe ele que é um prisioneiro e sente o primeiro desejo de libertação, suspira por afirmar a soberania da sua substância divina sobre todas as tiranias das circunstâncias humanas. Só então compreende esse homem o sentido das palavras do Mestre: "Conhecereis a verdade e a verdade vos libertará". Ele se libertou pela visão da verdade sobre si mesmo — e liberdade é felicidade. Esse homem já não pensa pela cabeça dos outros; uma nova intuição espiritual substituiu a velha analítica intelectual; ele é antes um cosmopensado do que um egopensante; poderia dizer com Paulo de Tarso: "Já não sou eu que vivo, o Cristo é que vive em mim", eu sou um Cristo-vivido.

Sabe o que é essencial e o que é secundário nas ocorrências diárias. Seleciona os fatos, as impressões, os pensamentos. Não acolhe todos igualmente; aceita o que favorece a sua verdadeira evolução e rejeita o que é inútil ou prejudicial. Compreende então que "ser alguém" não é alguma conquista externa, mas um processo orgânico interno, baseado no descobrimento da Verdade, da qual dimanam espontaneamente a Liberdade e a Felicidade que nenhum profano conhece.

O homem, uma vez habituado a essa comunhão diária com Deus, já não pode viver sem ela. Se por acaso dela fosse privado um dia, sentir-se-ia mal, como se não tivesse comido, e acharia meios e modos para suprir a falta.

Só de homens dessa qualidade pode a humanidade esperar guia e redenção, no meio da crise em que se debate.

"O reino de Deus está dentro de vós" — mas é um "tesouro oculto". É necessário cavar, e cavar fundo, para o descobrir. Diariamente deve o homem aprofundar essa mina divina.

"Venha o Teu reino. Senhor!"

Textos Complementares

Autoiniciação

Hoje em dia, muitas pessoas falam em iniciação. Todos querem ser iniciados.

Mas entendem por iniciação uma aloiniciação, uma iniciação por outra pessoa, por um mestre, um guru.

Esta aloiniciação é uma utopia, uma ilusão, uma fraude espiritual.

Só existe autoiniciação. O homem só pode ser iniciado por si mesmo. O que o mestre, o guru, pode fazer é mostrar o caminho por onde alguém se pode autoiniciar; pode colocar setas ao longo do caminho, setas ao longo da encruzilhada, setas que indiquem a direção certa que o discípulo deve seguir para chegar ao conhecimento da verdade sobre si mesmo. Isto pode e deve o mestre fazer — suposto que ele mesmo seja um autoiniciado.

Jesus, o maior dos mestres que a humanidade ocidental conhece, ao menos aqui, durante três anos consecutivos mostrou a seus discípulos o caminho da iniciação, o que ele chama o "reino dos céus", mas não iniciou nenhum dos seus discípulos. Eles mesmos se autoiniciaram na gloriosa manhã do domingo de Pentecostes, às nove horas da manhã — como diz Lucas, nos Atos dos Apóstolos.

Mas esta grandiosa autoiniciação aconteceu só depois de nove dias de profundo silêncio e meditação; 120 pessoas se autoiniciaram, sem nenhum mestre externo, só dirigidas pelo mestre interno de cada um, pela consciência de seu próprio Eu divino, da sua alma, do seu Cristo interno.

E esta autoiniciação do primeiro Pentecostes, em Jerusalém, pode e deve ser realizada por toda pessoa. Mas, acima de tudo, o que é que quer dizer Iniciação?

Iniciação é o início na experiência da verdade sobre si mesmo.

O homem profano vive na ilusão sobre si mesmo. Não sabe o que ele é realmente. O homem profano se identifica com o seu corpo, com a sua mente, com suas emoções. E nessa ilusão vive o homem profano a vida inteira, 30, 50, 80 anos. Não se iniciou na verdade sobre si mesmo, não possui autoconhecimento e, por isso, não pode entrar na autorrealização.

O que deve um homem profano fazer para se autoiniciar? Para sair do mundo da ilusão sobre si mesmo e entrar no mundo da verdade?

Deve fazer o que fez o primeiro grupo de autoiniciados, no ano 33, em Jerusalém, isto é, deve aprender a meditar, ou cosmomeditar.

Os discípulos de Jesus fizeram três anos de aprendizado e nove dias de meditação — depois se autoiniciaram. Descobriram a verdade libertadora sobre si mesmos. A verdade que os libertou da velha ilusão de se identificarem com o seu corpo, com a sua mente, com as suas emoções; saíram das trevas da ilusão escravizante e ingressaram na luz da verdade libertadora: "Eu sou espírito, eu sou alma, eu e o Pai somos um, o Pai está em mim e eu estou no Pai... O reino dos céus está dentro de mim".

E quem descobre a verdade sobre si mesmo liberta-se de todas as inverdades e ilusões. Liberta-se do egoísmo, da ganância, da luxúria, da vontade de explorar, de defraudar os outros. Liberta-se de toda a injustiça, de toda a desonestidade, de todos os ódios e malevolências — de todo o mundo caótico do velho ego.

O iniciado morre para o seu ego ilusório e nasce para o seu Eu verdadeiro.

O iniciado dá o início, o primeiro passo para dentro do reino dos céus. Começa a vida eterna em plena vida terrestre. Não espera um céu para depois da morte, vive no céu da verdade, aqui e agora — e para sempre.

Isto é autoiniciação.

Isto é autoconhecimento.

Isto é autorrealização.

O início de tudo isso é a meditação ou cosmomeditação, de que já falamos em outra ocasião.

Repito que é impossível a verdadeira meditação sem que o homem se esvazie de todos os conteúdo do seu ego ilusório; quem se esvaziar da sua egoconsciência será plenificado pela cosmoconsciência, que é a iniciação.

Mas é possível realizar este egoesvaziamento na hora da meditação, mesmo que seja meia hora de introversão, se o homem viver 24 horas extrovertido, escravizado pelas coisas de seu ego ilusório.

A meia hora de meditação nada resolve, não abre as portas para a iniciação — se o homem não se libertar, durante o dia, da escravidão de seu ego.

Como fazer isso?

Libertar-se da escravidão do ego é usar coisas materiais na medida do necessário e não do supérfluo; o homem deve e pode ter um conforto necessário, sem desejar confortismos excessivos.

A *mística* da hora da meditação é impossível sem a *ética* da vida diária, sem o desapego do supérfluo. Luxo e luxúria são lixo e atravancam o caminho para a iniciação. Quem não remove esse lixo do luxo e da luxúria pode fazer quantas meditações quiser que não se poderá iniciar; porque as leis cósmicas não podem ser burladas.

A verdadeira felicidade do homem começa com a sua autoiniciação. Fora disso, pode ele ter um mundo de gozos e prazeres, mas não terá felicidade verdadeira, paz de espírito, tranquilidade de consciência. Todos os gozos e prazeres são do ego ilusório, somente a felicidade é do Eu verdadeiro.

Um autoiniciado é também um redentor, para os outros.

Quando um único homem, escreveu Mahatma Gandhi, chega à plenitude do amor (autorrealização), neutraliza ele o ódio de muitos milhões.

Nada pode o mundo esperar de um homem que espera algo do mundo — tudo pode o mundo esperar de um homem que nada espera do mundo.

O iniciado dá tudo e não espera nada do mundo. Ele já encerrou as contas com o mundo, está quite com o mundo. Pode dar tudo sem perder nada.

O autoiniciado é um místico — não um místico de isolamento solitário, mas um místico dinâmico e solidário, que vive no meio do mundo sem ser do mundo.

Onde há uma plenitude, aí há um transbordamento. O homem plenificado pelo autoconhecimento e pela autorrealização transborda a sua plenitude, consciente ou inconscientemente, saiba ou não saiba, queira ou não queira. Essa lei cósmica funciona infalivelmente. Faz bem pelo fato de ser bom, de viver em harmonia com a alma do Universo.

Por isso, para fazer bem aos outros e à humanidade, não é necessário nem suficiente fazer muitas coisas, mas é necessário e suficiente ser bom, ser realizado e plenificado do seu Eu central, conscientizar-se e vivenciar de acordo com o seu Eu central, com o seu Cristo interno.

A plenitude da consciência mística da paternidade única de Deus transborda irresistivelmente na vivência ética da fraternidade universal dos homens.

Para ter laranjas — laranjas verdadeiras — não é necessário fabricá-las. É necessário e suficiente ter uma laranjeira real e mantê-la forte e vigorosa. Nem é necessário ensinar à laranjeira como fazer laranjas — ela mesma sabe, com infalível certeza, como fazer flores e frutos.

Assim, toda a preocupação de querer fazer bem aos outros sem ser bom é uma ilusão tão funesta como o esforço de querer fabricar uma laranja verdadeira sem ter uma laranjeira. Mais importante que todo *fazer* é *ser*. Onde não há plenitude interna não pode haver transbordamento externo. Para fazer o bem aos outros deve o homem ser realmente bom em si mesmo.

Que quer dizer ser bom?

Ser bom não é ser bonachão, nem bonzinho, nem bombonzinho. Para ser realmente bom deve o homem estar em perfeita harmonia com as leis eternas da verdade, da justiça, da honestidade, do amor e da fraternidade e viver de acordo com essa sua consciência.

Todo o fazer bem sem ser bom é ilusório, assim como qualquer transbordamento é impossível sem haver plenitude. O nosso fazer bem vale tanto quanto o nosso ser bom. O ser bom é autoconhecimento e autorrealização.

Somente o conhecimento da verdade sobre si mesmo é libertador; toda e qualquer ilusão sobre si mesmo é escravizante.

Os mais ruidosos sucessos sem a realização interna são deslumbrantes vacuidades; são como bolhas de sabão — belas por fora, mas cheias de vacuidade por dentro. 1% de *ser bom* realiza mais do que 100% de *fazer bem*.

Autoiniciação é essencialmente uma questão de *ser*, e não de *fazer*. Essa plenitude do ser não se realiza pela simples solidão, mas pelo revezamento de introversão e extroversão. O homem deve, periodicamente, fazer o seu ingresso dentro de si mesmo, na solidão da meditação, e depois fazer o egresso para o mundo externo, a fim de testar a força e a autenticidade do seu ingresso.

Todo o autoiniciado consiste nesse *ingredir* e nesse *egredir*, nessa implosão mística e nessa explosão ética.

Não há evolução sem resistência. Tudo que é fácil não é garantido; toda evolução ascensional é difícil, exige luta, sofrimento, resistência.

Estagnar é fácil.

Descer é facílimo.

Subir é difícil.

Toda evolução é uma subida, e sem subida não há iniciação.

Autoiniciação e autorrealização são o destino supremo do homem.

Um único homem autorrealizado é maior maravilha do que todas as outras grandezas do Universo.

Cosmomeditação

A verdadeira meditação, ou cosmomeditação, é indispensável para a felicidade e a plenitude do homem.

A genuína felicidade supõe que o homem se conheça a si mesmo, na sua realidade central, e viva de acordo com esse conhecimento.

Autoconhecimento e autorrealização são os dois polos sobre os quais gira toda a vida do homem integral ou univérsico. "Conhecereis a Verdade" — disse o divino Mestre — "e a Verdade vos libertará".

O autoconhecimento, que é a base da autorrealização, não é possível sem uma profunda cosmomeditação. O próprio Cristo, antes de iniciar a sua vida pública, passou 40 dias e 40 noites em cosmomeditação permanente, no deserto, e durante os três anos da sua vida pública, referem os Evangelhos, Jesus passava noites inteiras na solidão, no deserto ou no cume de um monte em oração com Deus.

O homem não é o seu corpo, nem a sua mente, nem as suas emoções, que são apenas o seu invólucro, o seu ego periférico. O homem é o seu Espírito, a sua Alma, o seu Eu central, e, para ter disto plena certeza, deve o homem isolar-se temporariamente de todas as suas periferias ilusórias, para ter consciência direta e imediata da sua realidade central, isto é, meditar, ou cosmomeditar. Quando o homem cosmomedita, ele deixa de ser egopensante e se torna cosmopensado. Deixa de ser egoagente e se torna cosmovivido, ou, na linguagem do Cristo: "Não sou eu que faço as obras, é o Pai em mim que faz as obras, de mim mesmo eu nada posso fazer". Ou, na linguagem de Paulo de Tarso: "Eu morro todos os dias, e é por isso que eu vivo, mas já não sou eu que vivo, é o Cristo que vive em mim". "Se o grão de trigo não morrer, fica estéril — diz o Cristo —, mas se morrer então produzirá muitos frutos"; o ego é simbolizado por um grão de trigo ou uma semente qualquer, o Eu é a própria vida do gérmen, que está na semente. O gérmen vivo do Eu não pode brotar, se a casca do ego não se dissolver. Quem não tem a coragem de morrer voluntariamente, antes de ser morto compulsoriamente, não pode viver gloriosamente no mundo presente.

É necessário que o homem morra para o seu ego estéril para que viva para o seu Eu fecundo.

Muitos querem saber quando e onde se deve cosmomeditar. O divino Mestre diz: "Orai sempre e nunca deixeis de orar". Orar não quer dizer rezar, que é recitar fórmulas. Orar, como a própria palavra diz, é abrir-se rumo ao Infinito, deixar-se invadir pelo Infinito, isto, segundo os mestres, é orar. Esta meditação permanente, esta meditação-atitude, de que fala o Cristo, tem que ser precedida por muitas meditações-ato. A meditação permanente deve começar com meditações intermitentes. A melhor hora para a meditação é sempre de manhã cedo, antes de se iniciar qualquer trabalho. Quem não pode meditar de manhã cedo, medite à noite, antes de dormir, mas cuidado, quando alguém está muito cansado, depois dos trabalhos diurnos, é difícil fazer verdadeira meditação, porque a meditação é um trabalho muito sério. Acrobacia mental ou cochilo devocional não é meditação.

Convém que cada um tenha um recinto fechado e silencioso para meditar e que faça a sua meditação sempre à mesma hora e no mesmo lugar. É experiência que um recinto fechado se transforma, pouco a pouco, num santuário que facilita a meditação e a concentração mental, porque as auras e as vibrações desse lugar modificam favoravelmente o próprio ambiente.

Quanto à posição do corpo, observa-se o seguinte: quem não pode sentar-se à maneira dos orientais, em posição de lótus, sobre as pernas dobradas, use uma cadeira de acento firme, espaldar ereto, mantenha o corpo em atitude natural, ereta, não cruze as pernas e coloque as mãos no regaço, junto ao corpo; mantenha os olhos semifechados para favorecer a concentração. Uma luz suavemente azulada ou esverdeada, ou pelo menos uma penumbra, são muito favoráveis à concentração.

Antes de iniciar a cosmomeditação, respire algumas vezes profunda e vagarosamente para harmonizar as vibrações dos nervos. Durante a meditação respire normalmente.

Qualquer atenção à atividade corporal dificulta a meditação. Devem-se relaxar todas as tensões corporais e esquecer-se totalmente da presença do seu corpo.

Antes de meditar, podem-se conscientizar palavras como estas: "Eu e o Pai somos um. O pai está em mim e eu estou no Pai", ou então: "Eu morro todos os dias e é por isso que eu vivo, mas já não sou eu quem vive, é o Cristo que vive em mim".

Depois de ter feito, muitas vezes, a meditação intermitente, em forma de atos diários, a pessoa verificará que a meditação se transforma, pouco a pouco, numa meditação permanente, sem ela saber, numa meditação-atitude, perfeitamente compatível com qualquer trabalho externo, em casa, na escola, no escritório, na fábrica, na loja, em qualquer ambiente.

Esta meditação-atitude, consciente ou inconsciente, não impede, mas até favorece grandemente os trabalhos externos, que ficam como que iluminados e aureolados por um halo de leveza, beleza e felicidade. Então compreenderá o homem o que o divino Mestre quis dizer com as palavras: "Orai sempre e nunca deixeis de orar", isto é, ter sempre a consciência da presença de Deus, mesmo sem pensar nada; ter consciência não é pensamento, consciência é um estado do Eu espiritual, mas não é um processo do ego mental. Quando o homem está em verdadeira consciência espiritual ele não pensa nada, está com 100% de consciência espiritual e 0% de pensamento mental, e então entra num verdadeiro estado de meditação-atitude, que tem que ser preludiada por muitas meditações e forma de atos conscientes e supraconscientes.

Convém preludiar a cosmomeditação com alguma música concentrativa.

Nem todas as músicas clássicas dos grandes mestres são concentrativas; há poucas músicas realmente concentrativas, como, por exemplo, o conhecido *Hino a Brahma*, também a *Ave Maria* de Schubert e a melodia mística do *Aonde fores, eu irei*.

Estas músicas e outras podem servir de prelúdio para a cosmomeditação. Digo de prelúdio, mas não acompanhar a meditação. Durante a cosmomeditação deve haver silêncio absoluto, que é a música da Divindade, a música do Infinito. Esse silêncio não deve ser apenas físico, mas deve ser também mental e emocional. O homem não deve fazer nada, não deve pensar nada, não deve querer nada durante a cosmomeditação, mas ficar simplesmente na consciência espiritual.

Esse homem vai ser invadido, por assim dizer, pela alma do próprio universo. Esse universo não está fora dele, esse universo, pelo qual ele vai ser invadido, está no seu próprio centro, é a sua consciência central, o seu Eu, a sua alma, o seu espírito. As suas periferias vão ser invadidas pelo seu centro, porque é regra e lei cósmica: onde há uma vacuidade, acontece uma plenitude.

Se o homem consegue esvaziar-se completamente de todos os conteúdos do seu ego humano, infalivelmente vai ser invadido pela alma do universo, que não está fora dele, mas dentro dele mesmo. Essa invasão é automática, mas o esvaziamento do nosso ego é nossa tarefa própria. E aqui está a grande dificuldade. O nosso querido ego não quer ser esvaziado das suas atividades, porque ele não sabe nada fora disso. Ele se defende contra este egoesvaziamento. Mas cai em transe, na subconsciência. Se isso lhe acontecer, nada vai acontecer de grande na meditação, porque no subconsciente nós não podemos realizar a nós mesmos, só podemos nos realizar no supraconsciente. Portanto, quando alguém deixar de pensar e de querer alguma coisa — não caia na inconsciência ou subconsciência, porque isso não resolve nada; tem que subir à supraconsciência e à cosmoconsciência.

A cosmomeditação, quando praticada por muito tempo, resolve todos os problemas da vida humana. Isto é infalível.

O meditante sentirá pouco a pouco firmeza e segurança, paz e tranquilidade e uma profunda e permanente felicidade. Todos os problemas dolorosos da vida serão resolvidos depois de alguém se habituar a uma profunda e verdadeira cosmomeditação.

Ciência, milagre e oração são compatíveis?

O milagre é contra as leis da natureza?

O senhor acredita em milagres?

— Por que não?

— Mas o milagre é uma exceção das leis da natureza, e a ciência provou que isto é impossível; as leis naturais são constantes e imutáveis.

— Perfeitamente, as leis naturais são constantes e imutáveis, concordo plenamente; mas nego redondamente que milagre seja uma exceção dessas leis; afirmo que o milagre é a mais brilhante confirmação das leis da natureza.

— Não compreendo essa sua filosofia...

— Não compreende, como? O Reverendo é "mestre em Israel" e ignora estas coisas? Cada domingo, do alto do púlpito, o senhor fala a seu rebanho sobre a vida de Jesus e acha que o milagre é incompatível com as leis da natureza? Ou o milagre não é de Deus, ou a natureza não é Deus! Não é admissível que haja contradição nas obras de Deus...

— O que eu digo a meu rebanho são as grandes verdades éticas contidas no Evangelho de Jesus Cristo; mas... quanto aos milagres dele... confesso que me são antipáticos e evito falar neles...

— Fantástico! Pelo que vejo, o Reverendo é ótimo discípulo de David Strauss, do Dr. Paulus, de Ernesto Renan, ou de algum outro erudito analfabeto do espírito que desejaria ver os Evangelhos "expurgados" dessa pedra de tropeço que são os milagres do Nazareno.

— Tem razão. Eu preferia um Evangelho sem milagres, porque seria um Evangelho mais científico. Se conseguíssemos expurgar o Evangelho desses numerosos milagres de que está eivado, teríamos o mais grandioso documento da ética que já apareceu sobre a face da terra.

— Maravilhoso! Mas não teríamos o Cristianismo...

— Como não? Não está o Cristianismo baseado sobre os Evangelhos?

— De forma alguma! O Evangelho não é a base do Cristianismo! Quer dizer, o Evangelho como sistema doutrinário de ideias, sem os milagres do Cristo, como o Reverendo o desejaria.

— Se não é o Evangelho, o que é então a base do Cristianismo?

— O Cristo, e nada mais. O Cristianismo não é outra coisa senão o próprio Cristo histórico, presente através dos séculos, ele mesmo, o eterno Logos, que se fez carne e habita entre nós, e está conosco todos os dias até a consumação dos séculos. Isto é o Cristianismo a 100%! "Cristo, o mesmo, ontem, hoje e para todo o sempre." Mas esse Cristo real é absolutamente inconcebível sem o milagre, porque o milagre o revela como soberano de todas as forças da natureza, como "Filho do homem", como "o Filho Unigênito do Pai". O Cristianismo não é um sistema de doutrinas éticas, o Cristianismo é um fato objetivo, uma grandiosa realidade histórica, permanente, é a mais estupenda invasão do mundo divino no mundo humano. Ideias e doutrinas não dão forças; toda a força vem da realidade. O Cristianismo não é uma ideia ética ou poética; o Cristianismo é a maior das realidades. Nunca ninguém viu jubilosamente nem morreu heroicamente por uma ideia, mas por uma realidade, milhares e milhões têm vivido e morrido, em todos os tempos e países...

Se Sócrates, Platão, Buda ou outro gênio espiritual da

humanidade tivessem escrito no Evangelho, tal qual o possuímos, com todas as suas doutrinas éticas, não teríamos o Cristianismo. Mas, se o Cristo tivesse aparecido como apareceu e não tivéssemos o Evangelho, ainda assim teríamos o Cristianismo em toda a sua pureza, força e plenitude; porque o Cristianismo é o Cristo permanentemente presente no mundo. Ora, o Cristo real não é concebível sem o milagre.

— Por que não?

— Porque pelo milagre provou ele que é superior a todas as leis da natureza e que delas se pode servir a bel-prazer, espontaneamente, sem a menor violência contra essas leis. O homem meramente sensitivo é escravo das leis da natureza. O homem intelectual é escravocrata da natureza, tratando-a como um tirano trata a seu escravo. Mas o homem espiritual, racional, cósmico, o homem integral, o Cristo ou o homem cristificado, não é nem escravo nem escravocrata da natureza — é amigo e aliado da mesma, e por isso coopera pacificamente com ela, como amigo e aliado — e isso é ser taumaturgo. O taumaturgo por força intrínseca prova que chegou o fim da sua jornada, deixando de ser tanto escravo como escravocrata da natureza. O Cristo provou a sua plena maturidade humana e adultez espiritual pelo fato de cooperar pacífica e espontaneamente com todas as leis da natureza. Nunca falhou. O homem que domina a natureza apenas mentalmente possui um domínio parcial, precário, incerto, porque violento, compulsório, e é por isso que muitas vezes falha na sua mágica milagreira — mas o homem espiritual não pode falhar, porque o seu domínio é absoluto e espontâneo.

Toda confusão que reina nesse setor vem do costume de identificarmos a natureza com aquele pequenino fragmento da natureza por nós conhecido. Quando então uma força da parte desconhecida da natureza invade subitamente a parte conhecida da mesma, temos a impressão de ter acontecido algo fora ou até contra as leis da natureza. Permita-me uma comparação ilustrativa:

Uma criança de escola primária lê sofrivelmente o seu

primeiro livro de á-bê-cê e chama aquilo de "literatura da humanidade". Para essa criança, os dramas de Shakespeare, a *Divina comédia* de Dante, o *Fausto* de Goethe, o *Paraíso perdido* de Milton, *Os lusíadas* de Camões, etc. não fazem parte da literatura mundial, porque não estão contidos no livro de á-bê-cê que a criança apelida de literatura da humanidade.

Outro símile: um menino de seis ou sete anos aprendeu a tabuada, que representa para ele "a matemática como tal". Qualquer dia, cai-lhe nas mãos uma obra de matemática avançada, digamos Relatividade ou a Teoria do campo unificado, de Einstein, ou alguma obra de Copérnico, Keppler, Galileu e Newton, que representam altos planos da ciência dos números — mas, para o nosso cachopinho de calças curtas, tudo aquilo está fora do reino da matemática.

É assim que identificam a natureza com a fraçãozinha que dela conhecem e constroem a sua filosofia sobre esse pequeno fragmento.

Os milagres de Jesus e dos seus discípulos, de todos os tempos e países, ultrapassaram grandemente as fronteiras do á-bê-cê e da tabuada da nossa ciência material, que certa gente convencionou chamar "a natureza", mas não ultrapassam as fronteiras da Natureza Absoluta, isto é, da Realidade Universal, porque essa Natureza ou Realidade é o próprio Deus, o Infinito, o Absoluto, o Todo, a Alma e Essência do Universo, para além do que nada existe, porque o Todo abrange tudo o que é real: Deus não está fora do mundo, não está sentado por trás do universo, como um motorista que está sentado atrás do motor que dirige. Deus está dentro da natureza, dentro de cada átomo e de cada astro, dentro de cada pirilampo e de cada relâmpago, dentro de cada pedra, planta, inseto, ave, peixe, animal, homem e anjo, assim como a Vida está dentro de cada ser vivo. A transcendência de Deus não exclui a sua imanência, e a imanência não contradiz a transcendência. Os dualistas, como são quase todos os teólogos ocidentais, admitem a transcendência de Deus, mas negam, ou pelo menos ignoram, a sua imanência. Os panteístas orientais admitem a imanência de Deus em todas as coisas, mas negam ou ignoram muitas vezes a sua transcendência, identificando Deus com todas as coisas. O verdadeiro monoteísmo, porém — que é o Cristianismo genuíno e integral —, sabe que Deus é ao mesmo tempo transcendente ao universo e imanente em cada fenômeno do mundo.

— Que, pois, acontece quando alguém realiza um milagre?

— Acontece o seguinte: o taumaturgo aplica uma lei natural que está para além das fronteiras do mundo material, digamos da física e da química de laboratório, mas não está fora da Natureza absoluta e total, por que fora dela nada está.

— Que é que existe para além das forças materiais da natureza?

— Existem as forças mentais e as forças espirituais (estas últimas chamam, em boa filosofia, racionais, uma vez que Deus mesmo é a Razão, o eterno Lógos, pelo qual foram feitas todas as coisas). Mas tanto o material como o mental e o espiritual (ou racional) fazem parte da natureza.

Permita-me mais uma ilustração tirada do reino da nossa ciência material:

Alguém nunca viu água senão em estado sólido de gelo, água congelada. Que conceito formaria ele da água? Evidentemente, para esse homem, água é uma massa sólida. Algum dia, ele vê água em estado líquido e nega que isso seja água natural. Para ele, essa água líquida está fora das leis da natureza da água porque a solidez é, para esse homem, atributo necessário da água.

Imagine-se o espanto desse homem se, algum dia, visse água em estado de vapor suspenso no ar! Será que ele aceitaria como água também essa substância vaporosa? Não seria isso contra as leis da natureza, contra a lei da gravitação, andar a água assim suspensa no vácuo?

E se alguém passasse uma corrente elétrica por um litro de água comum, e a água se transformasse paulatinamente em dois gases invisíveis, H (hidrogênio) e O (oxigênio), e se o cientista dissesse a esse homem ignorante que essa água em forma de H e de O é altamente inflamável, será que nosso ingênuo conhecedor de água sólida aceitaria a combinação de H e O como água real e autêntica? Não diria ele: a água apaga o fogo, e você quer fazer-me crer que a água alimenta o fogo? Que seja um composto de dois elementos combustíveis e até altamente inflamável? Não, não admito semelhante coisa como científica e natural!...

E se esse ingênuo conhecedor de água congelada soubesse que o próprio hidrogênio e oxigênio podem ser desintegrados por um ciclotron ao ponto de resultar uma energia ainda mil vezes mais sutil e poderosa do que todos os estados anteriores dessa água?

Gelo, água, vapor, gás, energia nuclear — a mesma substância em cinco estados diversos, e tanto mais poderosos quanto menos materiais, dotados de propriedades e modos de agir diametralmente opostos — será que isso é ciência natural?

Talvez não seja ciência lá nos planos ínfimos do á-bê-cê, mas é ciência cá nos planos superiores da universidade do espírito.

Do mesmo modo, o milagre é anticientífico para os analfabetos ou semialfabetizados do grande Livro da Natureza, mas para os universitários da razão e do espírito é o milagre a mais brilhante confirmação das leis da natureza, porque revela essa natureza como infinitamente ampliada.

Que é que podemos fazer com um litro de água? Aplicado a uma rodinha giratória, dessas que as crianças fazem para brincar, pode um litro de água imprimir a essa rodinha duas ou três voltas ao redor do eixo, e nada mais; expirou a força motriz de um litro de água.

Com a mesma quantidade de água, evaporada e aplicada aos pistões de uma locomotiva, posso mover essa máquina a certa distância.

Se transformar esse litro de água em H e O, posso fazer explodir até um grande rochedo.

Ainda com o mesmo litro de água, desintegrada em prótons

e elétrons pelo bombardeio atômico com nêutrons, posso obter a energia suficiente para mover um avião quadrimotor ao redor do globo, e ainda sobrará água na volta.

Ora, assim como antigamente o homem só sabia utilizar as forças periféricas da água, e agora lança mão da energia central da mesma, sem ultrapassar nem contradizer as leis da natureza, da mesma forma se serve o taumaturgo, mental ou espiritual, de forças naturais desconhecidas e inatingidas pelo homem comum, conhecedor apenas de forças materiais.

O que o Cristo fez, todo homem cristificado pode fazer, como afirmou explicitamente o taumaturgo da Galileia: "As mesmas obras que eu faço vós as fareis, e as fareis maiores". "Nada é impossível àquele que tem fé."

Trata-se simplesmente de libertar dentro de nós forças profundas e poderosas que, até hoje, no homem comum, não foram libertadas. E, para libertar essas forças irresistíveis, deve o homem, antes de tudo, crer na existência real das mesmas e, depois, viver a perfeita harmonia com sua fé. A fé e a vivência, a fé vivida intensamente, despertarão e libertarão as forças profundas que dormem, reais porém incógnitas, na alma de todo o homem.

Pode a oração modificar as leis da natureza?

Muitos pensam que sim. Outros duvidam ou negam. Esses últimos, naturalmente, não oram e declaram com ares de sabidos: Não adianta orar, pois as leis da natureza são imutáveis; o que deve acontecer acontecerá infalivelmente... A oração é filha da ignorância e da superstição...

Exemplifiquemos. Aqui está um doente desenganado pela medicina humana. Os melhores médicos são unânimes em afirmar que ele vai morrer em breve, de um colapso cardíaco, de tuberculose, de câncer, ou de outra moléstia fatal.

Entretanto, na manhã seguinte, esse homem condenado à morte pela ciência humana se levanta, com perfeita saúde, e continua a viver por anos e decênios. Nem vestígio de lesão cardíaca, tuberculose, câncer, ou outra moléstia.

Casos desses, como todos sabem, não são fictícios. São e têm sido reais através de todos os séculos.

Que foi que aconteceu?

A ciência encolhe os ombros, perplexa, ignorante, tecendo mil hipóteses em torno do caso, sem acertar com a verdadeira explicação.

Os homens religiosos falam em milagre, quer dizer, no entender deles, houve uma intervenção divina, sobrenatural, para além das forças da natureza.

Entretanto, nem estes nem aqueles têm razão. Nem as forças materiais da ciência nem as forças sobrenaturais curaram esse organismo. Ele foi curado em virtude de forças inteiramente naturais, mas que ultrapassam o âmbito da matéria; porquanto a natureza não é toda material; ela é material no seu plano ínfimo, mental no seu plano médio, e espiritual no seu plano superior — tudo isto, porém, é natural, perfeitamente natural. O recurso a uma ordem sobrenatural não passa de um refúgio da nossa ignorância. O que chamamos sobrenatural é apenas aquela zona do natural que fica para além da zona por nós atingida. Um milhão de anos antes da nossa era, teria sido sobrenatural quase tudo o que hoje em dia é natural para a nossa ciência e técnica, como aviões, submarinos, rádio, radar, televisão, etc. Quanto mais o homem se mentaliza e espiritualiza, mais se naturaliza, o que equivale a dizer que se dessobrenaturaliza cada vez mais. Para o homem plenamente espiritual, tudo é natural, nada é sobrenatural. Para Jesus, todos o milagres eram naturais.

Que aconteceu, pois, com o nosso doente gravemente enfermo e desenganado pela medicina material?

Aconteceu um milagre,[1] mas dentro das leis da natureza.

---

[1] A própria palavra "milagre" define bem o que é. A palavra latina *miraculum*, de que formamos "milagre", significa algo de que o homem se "admira". Ora, o homem só se admira de algo que ignora. Coisas conhecidas

Algum homem — talvez o próprio doente — orou. "E a oração de fé salvou o doente", como escrevia, quase 20 séculos atrás, um dos iniciados nos mistérios do mundo espiritual, o apóstolo Tiago, que vira os milagres de Jesus.

Mas, como pode a oração, essa coisa invisível e imaterial, produzir um efeito material e talvez instantâneo? Pode uma causa vaga e incerta, como a oração da fé, produzir um efeito certo e concreto, como o de restaurar em pouco tempo milhões e bilhões de células orgânicas destruídas pela moléstia? Não está isso em flagrante contradição com as leis da natureza, que são férreas e imutáveis?

Meu ingênuo materialista! Saia do seu livro de á-bê-cê! Ultrapasse a sua tabuada! Matricule-se na universidade da natureza! Se a natureza fosse aquele soldadinho de chumbo ou aquela bonequinha de celuloide com que os cientistas de jardim de infância se divertem e que pomposamente apelidam de "natureza", é claro que não haveria nenhuma explicação natural para uma cura como essa. Se a oração da fé operasse apenas com elementos vagos e incertos, fracos, quase irreais, não se explicaria um efeito tão grande e palpável como a cura de uma moléstia materialmente incurável, porquanto a boa lógica nos proíbe de admitirmos um efeito maior que sua causa. Ora, se aqui temos um efeito estupendamente grande, não é lógico concluir que a causa deve ser pelo menos tão grande e poderosa como o efeito? A invisibilidade da causa em nada afeta a sua realidade e força, a não ser que algum ignorante erudito identifique *visibilidade* com *realidade*. A própria ciência dos nossos dias nos proíbe terminantemente de fazermos essa infeliz identificação; todo cidadão da Era Atômica sabe que visibilidade e realidade estão na razão inversa; quer dizer que tanto mais real é uma coisa quanto menos visível, tanto menos real quanto mais visível. A maté-

---

não são objetos de admiração ou espanto. Quando um fenômeno de causa desconhecida acontece, o homem fica admirado, estupefato. Se lhe conhecesse a causa, não se admiraria, não haveria *miraculum*, milagre.

ria é fartamente visível, mas é pouco real e, por isso mesmo, fraca; a energia é menos visível, e por isso mais real e mais poderosa; a energia nuclear é em si totalmente imperceptível, e todos sabemos quão real e poderosa ela é. A mais imperceptível de todas as coisas reais, no plano físico, é a luz, a luz cósmica, absoluta, e é precisamente a luz que, segundo Einstein, é a realíssima realidade, a base e origem de todas as demais energias e matérias do Universo.

As forças mentais e espirituais são, por sua natureza, invisíveis; são energias, e não matérias. A força espiritual tem íntima afinidade com a luz, a maior das forças que a ciência conhece. Se essa força material for aplicada a um objeto material, como um organismo doente, quem não vê o tremendo impacto que ela poderá exercer sobre o mesmo? Todo o segredo está em como aplicar essa força imaterial, a oração da fé, ao corpo material. Entretanto, há numerosos casos em que essa aplicação se verificou, com os resultados chamados milagres.

Que faz então o homem que ora com fé?

Aplica à parte material do mundo, ou do corpo, uma força espiritual; aplica o mais forte ao menos forte, e este, naturalmente, cederá àquele. Assenta a alavanca num ponto de apoio situado para além das fronteiras da matéria, executa um movimento — e desloca do seu lugar o peso enorme da moléstia física, peso que nenhum médico poderia deslocar, porque não tinha ponto de apoio fora da matéria onde assentar a alavanca. O essencial é encontrar esse ponto de apoio fora da matéria. Contam que o velho matemático grego, Arquimedes, exclamou um dia: "Dai-me um ponto de apoio fora do mundo — e deslocarei o Universo do seu eixo!". Referia-se ele à conhecida lei da alavanca. Todo mecânico sabe que, por exemplo, com a alavanca de um metro aplicada de modo que, digamos, 90 centímetros fiquem do lado do movente e apenas 10 do lado do peso a ser movido, a força de suspensão é multiplicada automaticamente pelo quadrado da diferença que há entre as duas partes da alavanca, relativamente ao ponto de apoio. E se o mecânico construiu um sistema de alavancas concatenadas, de maneira que a parte menor de uma alavanca pegue cada vez na parte maior da outra, pode ele multiplicar indefinidamente a força da alavanca, podendo até mover com um só dedo o Pão de Açúcar, o Corcovado ou outro peso qualquer — suposto, naturalmente, que suas alavancas tenham um ponto de apoio fora do plano do peso a ser movido.

No entanto, o que o homem que ora com fé faz não é outra coisa senão assentar a alavanca num fulcro situado fora do movediço areal das coisas materiais, em permanente fluxo e refluxo. Se consegue esse ponto de apoio imóvel, suspenderá e deslocará da sua base o grande peso do mal que o aflige.

Mas todo o mistério está em descobrir de fato esse ponto de apoio. Só um homem que nas regiões imateriais da natureza se sinta perfeitamente "em casa" é que poderá com infalível acerto aplicar a sua alavanca. É o que acontecia com aquele profeta de Nazaré. Não consta que tenha falhado uma só vez em suas curas milagrosas. Acertou 100%, porque esse invisível mundo espiritual era para ele tão real como o mundo visível da matéria, e as leis que governam o mundo invisível eram para Jesus matematicamente certas e meridianamente claras. Com efeito, as leis do mundo espiritual agem com a mesma precisão matemática que as leis da física, da química, da eletricidade, da eletrônica, da atômica ou de outro departamento qualquer do plano material.

É para muita estranheza que os homens pensantes não se interessem seriamente por descobrir a matemática e a geometria do mundo espiritual, quando o conhecimento e a aplicação dessas leis derrotariam os piores inimigos tradicionais da humanidade. Jesus nunca esteve doente, porque conhecia essas leis e vivia em perfeita harmonia com elas. Permitiu, durante algum tempo, que forças adversas vindas de fora deste o pudessem ferir — mais tarde também se tornou invulnerável nesse setor —, mas nunca nasceu dentro do seu próprio corpo uma força negativa que o fizesse sofrer.

A saúde é natural, a moléstia é desnatural. Ninguém procura explicar o que é natural, todos querem explicar o que é desnatural. Por que é que sofro isso ou aquilo? O primeiro pensamento é o de um castigo infligido por algum ser invisível, algum Deus vingador. Castigo por quê? Por mal cometido, por algum pecado. Mas, se eu não tenho consciência de pecado algum, como dizia Jó: O meu pecado deve ter sido cometido, então, numa existência anterior cuja memória não persiste na minha encarnação atual. Mas o que mais importa não é saber *por que sofro*, mas sim *para quê*. A causa do meu sofrimento é misteriosa, mas a *finalidade* do meu sofrimento é clara. Sofro para evolver, ou para me libertar de alguma impureza. Se criei a causa, posso também aboli-la.

Se o homem, quer desta quer daquela filosofia, conseguisse ascender a regiões superiores, ultrapassando a zona da matéria e invadindo os domínios do espírito, desapareceria todo o problema e toda a problemática do sofrimento — porque desapareceria o próprio sofrimento compulsório.

Assim como a *pecabilidade* gerou a *passibilidade*, do mesmo modo a *impecabilidade* produz necessariamente a *impassibilidade*. O erro na zona espiritual se chama *pecado*, o erro na zona material se chama *sofrimento*. Sendo aquele a causa deste, é lógico que o efeito (sofrimento, passibilidade) não pode ser definitivamente abolido sem a abolição da causa (pecado, pecabilidade). Apenas em caráter transitório, intermitente, esporádico, é o sofrimento abolido no plano do pecado; mas, para a abolição permanente, radical e definitiva do sofrimento, requer-se a destruição radical e permanente do pecado e da própria pecabilidade.

Com o despontar da inteligência começou no mundo a pecabilidade, que, não raro, acaba em pecado. "Espinhos e abrolhos", "trabalhos no suor do seu rosto", "parto por entre dores" são as consequências da intelectualização do homem e da mulher, porque a zona do intelecto é a zona da pecabilidade. Onde não há intelecto não há o "conhecimento do bem e do mal", não há oscilação entre a luz e as trevas, entre o positivo e o negativo. Quando o homem comeu "do fruto da árvore do conhecimento", quando o homem sensitivo do Éden se tornou o homem intelectivo da serpente, entrou ele na zona da pecabilidade, e pecabilidade quer dizer passibilidade compulsória.

Para se libertar do sofrimento é necessário que o homem se liberte da pecabilidade e do pecado. De que modo? Perdendo a inteligência, essa gloriosa conquista da humanidade pós-edênica? Não pela perda desse dom divino, mas pela integração da inteligência na razão, isto é, no espírito.

Quando o homem, egresso do Éden e ingresso no domínio da serpente, gemia oprimido de dores e sofrimentos, percebeu ele, nas íntimas profundezas da sua natureza, uma voz que lhe dizia: "De dentro de tua própria estirpe nascerá alguém que esmagará a cabeça da serpente".

É essa a primeira voz longínqua da redenção do homem. São esses os primeiros albores do dia que há de nascer após as trevas e penumbras da humanidade pecadora e sofredora de hoje.

Que poder é esse que nascerá das profundezas da própria natureza humana e sujeitará a seu domínio a própria inteligência?

É o poder da Razão, do Espírito divino latente no homem. Um dia, esse espírito acordará — e já acordou plenamente, pelo menos num representante da humanidade, no "filho do homem", no homem por excelência.

Que é que fará acordar no homem pecador e sofredor de hoje esse espírito divino, a Razão, o eterno *Logos*, seu verdadeiro Eu divino?

A oração, a frequente e intensa submersão no oceano da divindade, a comunhão com Deus, o permanente "andar na presença de Deus".

Que é orar? Um ato ou uma atitude?

"É necessário orar sempre e nunca deixar de orar."

Essas palavras de Jesus são para o homem profano o maior dos enigmas — ou então o maior dos absurdos. Como posso orar sempre, se tenho de trabalhar? Se cumprisse essa ordem de Jesus deveria desistir de todos os meus trabalhos profissionais, descuidar-me da família, dos deveres sociais, da ciência, da arte e de tudo que faz da vida humana uma existência possível e digna. O cristianismo, como se vê, não é compatível com uma vida normalmente humana.

Assim dizem e pensam os analfabetos do mundo espiritual.

Por quê?

Porque ignoram completamente o que seja "orar".

"Orar" é, para o homem comum, proferir certas fórmulas, em certos tempos, em certos lugares, sobretudo aos domingos, numa determinada igreja.

"Orar", no sentido de Jesus e de todos os gênios espirituais, não é um ato, mas sim uma atitude, embora essa atitude interna, permanente, se manifeste, de vez em quando, em atos externos, transitórios. A íntima essência da oração, porém, é uma atitude, isto é, um modo de ser, uma espécie de vida, a saúde, a alegria, o amor, que são estados ou atitudes do ser humano, e não apenas atos externos.

É necessário, diz o Mestre, que o homem crie dentro de si essa atmosfera permanente de oração e viva nesse ambiente, como quem vive em plena luz solar. A luz solar não impede ninguém de trabalhar; pelo contrário, favorece o trabalho, dá saúde, bem-estar, alegria e felicidade e mata os miasmas que poderiam destruir a saúde. A oração permanente de que Jesus fala é, pois, uma espécie de constante luminosidade interior, ou uma consciência espiritual que envolve e penetra todos os nossos trabalhos diários, cingindo tudo de um como que invisível halo, de uma auréola de beleza, leveza e poesia.

Embora a oração seja essencialmente uma atitude permanente, contudo ela não pode prescindir de atos individuais, assídua e intensamente repetidos. A atitude é uma espécie de estratificação subterrânea que se formou dos resíduos inconscientes de numerosos atos conscientes que, por assim dizer, desceram da superfície do Ego para as profundezas do Eu, e ali se depositaram até formar essa vasta camada do hábito permanente, que chamamos atitude.

Uma vez que essa camada subconsciente — ou, melhor, superconsciência — adquiriu suficiente volume, dela irradiam invisíveis energias rumo à superfície do Ego consciente, que, a partir daí, age, mesmo sem o saber, em virtude dessa zona superconsciente do seu ser. Daí a grande necessidade da formação de atitudes ou hábitos positivos, bons, e o perigo da criação de hábitos negativos, maus.

A fim de formar essa atitude permanente, deve o homem ter uma hora certa, cada dia, para se abismar completamente no mundo espiritual. Essa hora de oração, meditação ou comunhão com Deus é absolutamente indispensável para a saúde e a vida da alma. Durante a meditação deve o nosso Eu espiritual estar, fixa e intensamente, focalizado em Deus e no mundo divino, sem divagar pelo mundo dos sentimentos ou dos pensamentos. É o que Jesus chama "retirar-se para o seu cubículo, fechar a porta atrás de si e orar a sós com Deus". Nessa hora espiritual, a alma se torna como que uma aguda lâmina, uma chama de intensíssima vibração, sem irrequietos bruxuleios, que seriam sinal de baixa frequência ou pouca intensidade. Para facilitar essa focalização imóvel, muitas pessoas servem-se de palavras como estas, internamente proferidas: "Eu e o Pai somos um", "O Pai está em mim e eu estou no Pai", "O Cristo vive em mim", "Eu sou a luz do mundo", etc.

Quanto mais diuturna e intensa for essa focalização da consciência espiritual, tanto maior a abundância de luz e força que a alma recebe, porquanto a medida do recebimento depende do grau de receptividade, e essa prática eleva e intensifica grandemente a receptividade da alma.

Terminada a meditação, ou oração meditada, volta o homem a seus afazeres cotidianos, mas sem perder o contato interno com o mundo espiritual, que passará a espiritualizar o seu mundo material, não só sem prejuízo, mas até com real vantagem desse mesmo mundo material.

Saúde quer dizer integração do indivíduo no Todo.

Doença é integração deficiente do indivíduo no Todo.

Morte é falta total de integração, ou seja, separação mortífera.

No plano material, essa integração do indivíduo no Todo maior é feita constantemente de dois modos: pela *alimentação* e pela *respiração*. Cerca de três vezes por dia, de oito em oito horas, o organismo humano normal se põe em contato mais direto com o Todo, o Universo, o Mundo circunjacente, mediante a ingestão e assimilação de novas energias armazenadas nos alimentos que toma, energias essas que a ciência denomina significativamente "calorias". Caloria vem de calor. De fato, todas as energias que recebemos pela alimentação provêm da luz solar. Toda comida é filha do sol.

Cerca de 15 vezes por minuto, em estado de repouso normal, recebe o nosso organismo, além disso, energias cósmicas por meio da respiração, o que perfaz cerca de 900 inalações e exalações por hora, ou 21.600 por dia. O oxigênio inalado é o vínculo que põe o organismo individual em contato direto com o vasto oceano das energias do Universo, contato renovado umas 21.600 vezes por dia, mesmo durante o sono.

Sem esse permanente e sempre renovado contato entre o corpo individual e as energias do Universo não há vida nem saúde.

Ora, essa mesma lei do mundo material vigora também no mundo espiritual: vida e saúde são permanente contato entre o ser individual e o Ser Universal. O que, no plano material orgânico, é feito por meio da assimilação e respiração, isto é feito, no plano espiritual, por meio da oração ou permanente comunhão com Deus. Sem esse contato não há vida e saúde espiritual. Onde cessa a assimilação ou respiração, sucumbe o indivíduo por inanição ou asfixia — e onde cessa a oração, que é a assimilação e a respiração da alma, adoece e desfalece a alma por falta de elementos vitais.

Conhecedor dessa verdade, disse Jesus: "É necessário orar sempre, e nunca deixar de orar". A oração são as calorias e o oxigênio do espírito.

Que ideia formaríamos de um homem que dissesse: "Não posso respirar sempre porque tenho de trabalhar"? Ora, não menos absurda é a atitude de um homem que julga não poder orar sempre porque tem de exercer esta ou aquela profissão.

Existe uma relação íntima entre corpo e alma, entre a parte material e a espiritual do homem. E muitas vezes, se não sempre, uma parte age sobre a outra, a saúde ou a doença de uma afeta o bem-estar ou o mal-estar da outra parte. "Vai-te" e não tornes a pecar, para que não te suceda coisa pior.

"Tem confiança, meu filho, os teus pecados te são perdoados — levanta-te e anda!" É com essas palavras que Jesus afirma a estreita relação entre a moléstia material e a moléstia moral desses homens.

Entretanto, raras vezes chega a saúde espiritual a atingir suficiente perfeição para que possa, sem auxílio externo, realizar a saúde material.

No Evangelho, aquele centurião de Cafarnaum que, segundo Jesus, tinha uma fé maior do que outro qualquer em Israel, não curou o seu servo doente; mas, em contato com o poderoso foco espiritual de Jesus, essa fé foi grandemente potencializada — e deu-se a cura do doente. Coisa análoga aconteceu com a mulher Cananeia, cuja fé no dizer de Jesus era grande, mas só com o contato com a espiritualidade superior do nazareno é que conseguiu curar a filha atormentada por um mau espírito. Mesmo aquele outro homem que, num só fôlego, se confessa crente e descrente — "creio, Senhor, ajuda a minha incredulidade" — obtém a cura de um doente, porque o baixo potencial da sua fé é potencializado pelo contato com a elevada espiritualidade do Mestre.

Um ímã de alta potência, atuando sobre outro de baixa

potência, potencializa este e capacita-o de realizar o que ele, isoladamente, não poderia efetuar.

Uma bateria de alta voltagem, posta em contato — ou mesmo sem contato, por simples indução indireta — com outra bateria de voltagem inferior, eleva a voltagem desta e lhe confere um poder acima do que ela possuía por si mesma. Nunca uma bateria mais forte perde energia pelo contato com uma bateria menos forte, mas sempre o *mais* domina o *menos*, o *positivo* eleva o *negativo*, a *plenitude* dá do seu à *vacuidade*, "A luz brilha nas trevas, e as trevas não a extinguiram"...

Em resumo: o poder da oração não está no orante, mas sim no mundo espiritual com o qual o orante se põe em contato mediante a oração da fé. O orante não é fonte, senão apenas canal ou veículo entre o mundo material e o mundo espiritual. Se esse canal é limpo, idôneo, não obstruído, derivam espontaneamente dele os fluidos espirituais e atuam sobre o mundo material. E é por isso mesmo que "tudo é possível àquele que tem fé"; "tudo o que pedirdes em meu nome, crede que o recebereis".

E acontece aquilo que se chama "milagre", isto é, a invasão do mundo espiritual no mundo material da natureza.

Dia virá em que o chamado "milagre" passará a fazer parte integrante da ciência e da vida normal do homem, assim como, em nossos dias, a eletricidade, o magnetismo, a energia nuclear e outras forças, outrora misteriosas e hoje conhecidas, fazem parte da vida do homem do século XX.

Huberto Rohden

Nasceu na antiga região de Tubarão, hoje São Ludgero, Santa Catarina, Brasil, em 1893. Fez estudos no Rio Grande do Sul. Formou-se em Ciências, Filosofia e Teologia em universidades da Europa — Innsbruck (Áustria), Valkenburg (Holanda) e Nápoles (Itália).

De regresso ao Brasil, trabalhou como professor, conferencista e escritor. Publicou mais de 65 obras sobre ciência, filosofia e religião, entre as quais várias foram traduzidas para outras línguas, inclusive para o esperanto; algumas existem em braile, para institutos de cegos.

Rohden não era filiado a nenhuma igreja, seita ou partido político. Fundou e dirigiu o movimento filosófico e espiritual Alvorada.

De 1945 a 1946 teve uma bolsa de estudos para pesquisas científicas, na Universidade de Princeton, Nova Jersey (Estados Unidos), onde conviveu com Albert Einstein e lançou os alicerces para o movimento de âmbito mundial da Filosofia Univérsica, tomando por base do pensamento e da vida humana a constituição do próprio Universo, evidenciando a afinidade entre Matemática, Metafísica e Mística.

Em 1946, Huberto Rohden foi convidado pela American University, de Washington, D. C., para reger as cátedras de Filosofia Universal e de Religiões Comparadas, cargo este que exerceu durante cinco anos.

Durante a última Guerra Mundial foi convidado pelo Bureau of Inter-American Affairs, de Washington, para fazer parte do corpo de tradutores das notícias de guerra, do inglês para o português. Ainda na American University, de Washington, fundou o Brazilian Center, centro cultural brasileiro, com o fim de manter intercâmbio cultural entre o Brasil e os Estados Unidos.

Na capital dos Estados Unidos, frequentou, durante três anos, o Golden Lotus Temple, onde foi iniciado em *Kriya-yoga* por Swami Premananda, diretor hindu desse *ashram*.

Ao fim de sua permanência nos Estados Unidos, Huberto Rohden foi convidado para fazer parte do corpo docente da nova International Christian University (ICU) de Metaka, Japão, a fim de reger as cátedras de Filosofia Universal e Religiões Comparadas; mas, por causa da guerra na Coreia, a universidade japonesa não foi inaugurada, e regressou ao Brasil. Em São Paulo foi nomeado professor de Filosofia na Universidade Mackenzie, cargo do qual não tomou posse.

Em 1952, fundou em São Paulo a Instituição Cultural e Beneficente Alvorada, onde mantinha cursos permanentes em São Paulo, Rio de Janeiro e Goiânia, sobre Filosofia Univérsica e Filosofia do Evangelho, e dirigia Casas de Retiro Espiritual (*ashrams*) em diversos estados do Brasil.

Em 1969, empreendeu viagens de estudo e experiência espiritual pela Palestina, Egito, Índia e Nepal, realizando diversas conferências com grupos de iogues na Índia.

Em 1976, foi chamado a Portugal para fazer conferências

sobre autoconhecimento e autorrealização. Em Lisboa fundou um setor do Centro de Autorrealização Alvorada.

Nos últimos anos, Rohden residia na capital de São Paulo, onde permanecia alguns dias da semana escrevendo e reescrevendo seus livros, nos textos definitivos. Costumava passar três dias da semana no *ashram*, em contato com a natureza, plantando árvores, flores ou trabalhando no seu apiário-modelo.

Quando estava na capital, frequentava periodicamente a editora responsável pela publicação de seus livros, dando-lhe orientação cultural e inspiração.

À zero hora do dia 7 de outubro de 1981, após longa internação em uma clínica naturista de São Paulo, aos 87 anos, o professor Huberto Rohden partiu deste mundo e do convívio de seus amigos e discípulos. Suas últimas palavras em estado consciente foram: "Eu vim para servir à Humanidade".

Ele deixa, para as gerações futuras, um legado cultural e um exemplo de fé e trabalho somente comparados aos dos grandes homens do século XX.

Huberto Rohden é o principal editando da Editora Martin Claret.

Relação de obras do Prof. Huberto Rohden

Coleção Filosofia Universal

O pensamento filosófico da Antiguidade
A filosofia contemporânea
O espírito da filosofia oriental

Coleção Filosofia do Evangelho

Filosofia cósmica do Evangelho
O Sermão da Montanha
Assim dizia o Mestre
O triunfo da vida sobre a morte
O nosso Mestre

Coleção Filosofia da Vida

De alma para alma
Ídolos ou ideal?
Escalando o Himalaia
O caminho da felicidade
Deus
Em espírito e verdade
Em comunhão com Deus

Cosmorama
Por que sofremos
Lúcifer e Logos
A grande libertação
Bhagavad Gita (tradução)
Setas para o infinito
Entre dois mundos
Minhas vivências na Palestina, Egito e Índia
Filosofia da arte
A arte de curar pelo espírito. Autor: Joel Goldsmith (tradução)
Orientando
"Que vos parece do Cristo?"
Educação do homem integral
Dias de grande paz (tradução)
O drama milenar do Cristo e do Anticristo
Luzes e sombras da alvorada
Roteiro cósmico
A metafísica do cristianismo
A voz do silêncio
Tao Te Ching de Lao-tsé (tradução) – ilustrado
Sabedoria das parábolas
O 5º Evangelho segundo Tomé (tradução)
A nova humanidade
A mensagem viva do Cristo (Os quatro Evangelhos – tradução)
Rumo à consciência cósmica
O homem
Estratégias de Lúcifer
O homem e o Universo
Imperativos da vida
Profanos e iniciados
Novo Testamento
Lampejos evangélicos
O Cristo cósmico e os essênios
A experiência cósmica

Coleção Mistérios da Natureza

Maravilhas do Universo
Alegorias
Ísis
Por mundos ignotos

Coleção Biografias

Paulo de Tarso
Agostinho
Por um ideal — 2 vols. — autobiografia
Mahatma Gandhi — ilustrado
Jesus Nazareno — 2 vols.
Einstein — O enigma da Matemática — ilustrado
Pascal — ilustrado
Myriam

Coleção Opúsculos

Catecismo da filosofia
Saúde e felicidade pela cosmomeditação
Assim dizia Mahatma Gandhi (100 pensamentos — tradução)
Aconteceu entre 2000 e 3000
Ciência, milagre e oração são compatíveis?
Autoiniciação e cosmomeditação
Filosofia univérsica - sua origem, sua natureza e sua finalidade

O objetivo, a filosofia e a missão da Editora Martin Claret

O principal objetivo da Martin Claret é contribuir para a difusão da educação e da cultura, por meio da democratização do livro, usando os canais de comercialização habituais, além de criar novos.

A filosofia de trabalho da Martin Claret consiste em produzir livros de qualidade a um preço acessível, para que possam ser apreciados pelo maior número possível de leitores.

A missão da Martin Claret é conscientizar e motivar as pessoas a desenvolver e utilizar o seu pleno potencial espiritual, mental, emocional e social.

O livro muda as pessoas. Revolucione-se: leia mais para ser mais!

MARTIN CLARET

Relação dos Volumes Publicados

1. Dom Casmurro
Machado de Assis
2. O Príncipe
Maquiavel
3. Mensagem
Fernando Pessoa
4. O Lobo do Mar
Jack London
5. A Arte da Prudência
Baltasar Gracián
6. Iracema / Cinco Minutos
José de Alencar
7. Inocência
Visconde de Taunay
8. A Mulher de 30 Anos
Honoré de Balzac
9. A Moreninha
Joaquim Manuel de Macedo
10. A Escrava Isaura
Bernardo Guimarães
11. As Viagens - "Il Milione"
Marco Polo
12. O Retrato de Dorian Gray
Oscar Wilde
13. A Volta ao Mundo em 80 Dias
Júlio Verne
14. A Carne
Júlio Ribeiro
15. Amor de Perdição
Camilo Castelo Branco
16. Sonetos
Luís de Camões
17. O Guarani
José de Alencar
18. Memórias Póstumas de Brás Cubas
Machado de Assis
19. Lira dos Vinte Anos
Álvares de Azevedo
20. Apologia de Sócrates / Banquete
Platão
21. A Metamorfose/Um Artista da Fome/Carta a Meu Pai
Franz Kafka
22. Assim Falou Zaratustra
Friedrich Nietzsche
23. Triste Fim de Policarpo Quaresma
Lima Barreto
24. A Ilustre Casa de Ramires
Eça de Queirós
25. Memórias de um Sargento de Milícias
Manuel Antônio de Almeida
26. Robinson Crusoé
Daniel Defoe
27. Espumas Flutuantes
Castro Alves
28. O Ateneu
Raul Pompéia
29. O Noviço / O Juiz de Paz da Roça / Quem Casa Quer Casa
Martins Pena
30. A Relíquia
Eça de Queirós
31. O Jogador
Dostoiévski
32. Histórias Extraordinárias
Edgar Allan Poe
33. Os Lusíadas
Luís de Camões
34. As Aventuras de Tom Sawyer
Mark Twain
35. Bola de Sebo e Outros Contos
Guy de Maupassant
36. A República
Platão
37. Elogio da Loucura
Erasmo de Rotterdam
38. Caninos Brancos
Jack London
39. Hamlet
William Shakespeare
40. A Utopia
Thomas More
41. O Processo
Franz Kafka
42. O Médico e o Monstro
Robert Louis Stevenson
43. Ecce Homo
Friedrich Nietzsche
44. O Manifesto do Partido Comunista
Marx e Engels
45. Discurso do Método / Regras para a Direção do Espírito
René Descartes
46. Do Contrato Social
Jean-Jacques Rousseau
47. A Luta pelo Direito
Rudolf von Ihering
48. Dos Delitos e das Penas
Cesare Beccaria
49. A Ética Protestante e o Espírito do Capitalismo
Max Weber
50. O Anticristo
Friedrich Nietzsche
51. Os Sofrimentos do Jovem Werther
Goethe
52. As Flores do Mal
Charles Baudelaire
53. Ética a Nicômaco
Aristóteles
54. A Arte da Guerra
Sun Tzu
55. Imitação de Cristo
Tomás de Kempis
56. Cândido ou o Otimismo
Voltaire
57. Rei Lear
William Shakespeare
58. Frankenstein
Mary Shelley
59. Quincas Borba
Machado de Assis
60. Fedro
Platão
61. Política
Aristóteles
62. A Viuvinha / Encarnação
José de Alencar
63. As Regras do Método Sociológico
Émile Durkheim
64. O Cão dos Baskervilles
Sir Arthur Conan Doyle
65. Contos Escolhidos
Machado de Assis
66. Da Morte / Metafísica do Amor / Do Sofrimento do Mundo
Arthur Schopenhauer
67. As Minas do Rei Salomão
Henry Rider Haggard
68. Manuscritos Econômico-Filosóficos
Karl Marx
69. Um Estudo em Vermelho
Sir Arthur Conan Doyle
70. Meditações
Marco Aurélio
71. A Vida das Abelhas
Maurice Materlinck
72. O Cortiço
Aluísio Azevedo
73. Senhora
José de Alencar
74. Brás, Bexiga e Barra Funda / Laranja da China
Antônio de Alcântara Machado
75. Eugênia Grandet
Honoré de Balzac
76. Contos Gauchescos
João Simões Lopes Neto
77. Esaú e Jacó
Machado de Assis
78. O Desespero Humano
Sören Kierkegaard
79. Dos Deveres
Cícero
80. Ciência e Política
Max Weber
81. Satíricon
Petrônio
82. Eu e Outras Poesias
Augusto dos Anjos
83. Farsa de Inês Pereira / Auto da Barca do Inferno / Auto da Alma
Gil Vicente
84. A Desobediência Civil e Outros Escritos
Henry David Toreau
85. Para Além do Bem e do Mal
Friedrich Nietzsche
86. A Ilha do Tesouro
R. Louis Stevenson
87. Marília de Dirceu
Tomás A. Gonzaga
88. As Aventuras de Pinóquio
Carlo Collodi
89. Segundo Tratado Sobre o Governo
John Locke
90. Amor de Salvação
Camilo Castelo Branco
91. Broquéis/Faróis/ Últimos Sonetos
Cruz e Souza
92. I-Juca-Pirama / Os Timbiras / Outros Poemas
Gonçalves Dias
93. Romeu e Julieta
William Shakespeare
94. A Capital Federal
Arthur Azevedo
95. Diário de um Sedutor
Sören Kierkegaard

96. Carta de Pero Vaz de Caminha a El-Rei Sobre o Achamento do Brasil
Pero Vaz de Caminha

97. Casa de Pensão
Aluísio Azevedo

98. Macbeth
William Shakespeare

99. Édipo Rei/Antígona
Sófocles

100. Lucíola
José de Alencar

101. As Aventuras de Sherlock Holmes
Sir Arthur Conan Doyle

102. Bom-Crioulo
Adolfo Caminha

103. Helena
Machado de Assis

104. Poemas Satíricos
Gregório de Matos

105. Escritos Políticos / A Arte da Guerra
Maquiavel

106. Ubirajara
José de Alencar

107. Diva
José de Alencar

108. Eurico, o Presbítero
Alexandre Herculano

109. Os Melhores Contos
Lima Barreto

110. A Luneta Mágica
Joaquim Manuel de Macedo

111. Fundamentação da Metafísica dos Costumes e Outros Escritos
Immanuel Kant

112. O Príncipe e o Mendigo
Mark Twain

113. O Domínio de Si Mesmo pela Auto-Sugestão Consciente
Émile Coué

114. O Mulato
Aluísio Azevedo

115. Sonetos
Florbela Espanca

116. Uma Estadia no Inferno / Poemas / Carta do Vidente
Arthur Rimbaud

117. Várias Histórias
Machado de Assis

118. Fédon
Platão

119. Poesias
Olavo Bilac

120. A Conduta para a Vida
Ralph Waldo Emerson

121. O Livro Vermelho
Mao Tsé-Tung

122. Oração aos Moços
Rui Barbosa

123. Otelo, o Mouro de Veneza
William Shakespeare

124. Ensaios
Ralph Waldo Emerson

125. De Profundis / Balada do Cárcere de Reading
Oscar Wilde

126. Crítica da Razão Prática
Immanuel Kant

127. A Arte de Amar
Ovídio Naso

128. O Tartufo ou O Impostor
Molière

129. Metamorfoses
Ovídio Naso

130. A Gaia Ciência
Friedrich Nietzsche

131. O Doente Imaginário
Molière

132. Uma Lágrima de Mulher
Aluísio Azevedo

133. O Último Adeus de Sherlock Holmes
Sir Arthur Conan Doyle

134. Canudos - Diário de uma Expedição
Euclides da Cunha

135. A Doutrina de Buda
Siddharta Gautama

136. Tao Te Ching
Lao-Tsé

137. Da Monarquia / Vida Nova
Dante Alighieri

138. A Brasileira de Prazins
Camilo Castelo Branco

139. O Velho da Horta/Quem Tem Farelos?/Auto da Índia
Gil Vicente

140. O Seminarista
Bernardo Guimarães

141. O Alienista / Casa Velha
Machado de Assis

142. Sonetos
Manuel du Bocage

143. O Mandarim
Eça de Queirós

144. Noite na Taverna / Macário
Álvares de Azevedo

145. Viagens na Minha Terra
Almeida Garrett

146. Sermões Escolhidos
Padre Antonio Vieira

147. Os Escravos
Castro Alves

148. O Demônio Familiar
José de Alencar

149. A Mandrágora / Belfagor, o Arquidiabo
Maquiavel

150. O Homem
Aluísio Azevedo

151. Arte Poética
Aristóteles

152. A Megera Domada
William Shakespeare

153. Alceste/Electra/Hipólito
Eurípedes

154. O Sermão da Montanha
Huberto Rohden

155. O Cabeleira
Franklin Távora

156. Rubáiyát
Omar Khayyám

157. Luzia-Homem
Domingos Olímpio

158. A Cidade e as Serras
Eça de Queirós

159. A Retirada da Laguna
Visconde de Taunay

160. A Viagem ao Centro da Terra
Júlio Verne

161. Caramuru
Frei Santa Rita Durão

162. Clara dos Anjos
Lima Barreto

163. Memorial de Aires
Machado de Assis

164. Bhagavad Gita
Krishna

165. O Profeta
Khalil Gibran

166. Aforismos
Hipócrates

167. Kama Sutra
Vatsyayana

168. O Livro da Jângal
Rudyard Kipling

169. De Alma para Alma
Huberto Rohden

170. Orações
Cícero

171. Sabedoria das Parábolas
Huberto Rohden

172. Salomé
Oscar Wilde

173. Do Cidadão
Thomas Hobbes

174. Porque Sofremos
Huberto Rohden

175. Einstein: o Enigma do Universo
Huberto Rohden

176. A Mensagem Viva do Cristo
Huberto Rohden

177. Mahatma Gandhi
Huberto Rohden

178. A Cidade do Sol
Tommaso Campanella

179. Setas para o Infinito
Huberto Rohden

180. A Voz do Silêncio
Helena Blavatsky

181. Frei Luís de Sousa
Almeida Garrett

182. Fábulas
Esopo

183. Cântico de Natal/Os Carrilhões
Charles Dickens

184. Contos
Eça de Queirós

185. O Pai Goriot
Honoré de Balzac

186. Noites Brancas e Outras Histórias
Dostoiévski

187. Minha Formação
Joaquim Nabuco

188. Pragmatismo
William James

189. Discursos Forenses
Enrico Ferri

190. Medéia
Eurípedes

191. Discursos de Acusação
Enrico Ferri

192. A Ideologia Alemã
Marx & Engels

193. Prometeu Acorrentado
Ésquilo

194. Iaiá Garcia
Machado de Assis

195. Discursos no Instituto dos Advogados Brasileiros / Discurso no Colégio Anchieta
Rui Barbosa

196. Édipo em Colono
Sófocles

197. A Arte de Curar pelo Espírito
Joel S. Goldsmith

198. Jesus, o Filho do Homem
Khalil Gibran

199. Discurso sobre a Origem e os Fundamentos da Desigualdade entre os Homens
Jean-Jacques Rousseau

200. Fábulas
La Fontaine

201. O Sonho de uma Noite de Verão
William Shakespeare

202. Maquiavel, o Poder
José Nivaldo Junior

203. Ressurreição
Machado de Assis

204. O Caminho da Felicidade
Huberto Rohden

205. A Velhice do Padre Eterno
Guerra Junqueiro

206. O Sertanejo
José de Alencar

207. Gitanjali
Rabindranath Tagore

208. Senso Comum
Thomas Paine

209. Canaã
Graça Aranha

210. O Caminho Infinito
Joel S. Goldsmith

211. Pensamentos
Epicuro

212. A Letra Escarlate
Nathaniel Hawthorne

213. Autobiografia
Benjamin Franklin

214. Memórias de Sherlock Holmes
Sir Arthur Conan Doyle

215. O Dever do Advogado / Posse de Direitos Pessoais
Rui Barbosa

216. O Tronco do Ipê
José de Alencar

217. O Amante de Lady Chatterley
D. H. Lawrence

218. Contos Amazônicos
Inglês de Souza

219. A Tempestade
William Shakespeare

220. Ondas
Euclides da Cunha

221. Educação do Homem Integral
Huberto Rohden

222. Novos Rumos para a Educação
Huberto Rohden

223. Mulherzinhas
Louise May Alcott

224. A Mão e a Luva
Machado de Assis

225. A Morte de Ivan Ilicht / Senhores e Servos
Leon Tolstói

226. Álcoois e Outros Poemas
Apollinaire

227. Pais e Filhos
Ivan Turguêniev

228. Alice no País das Maravilhas
Lewis Carroll

229. À Margem da História
Euclides da Cunha

230. Viagem ao Brasil
Hans Staden

231. O Quinto Evangelho
Tomé

232. Lorde Jim
Joseph Conrad

233. Cartas Chilenas
Tomás Antônio Gonzaga

234. Odes Modernas
Anntero de Quental

235. Do Cativeiro Babilônico da Igreja
Martinho Lutero

236. O Coração das Trevas
Joseph Conrad

237. Thais
Anatole France

238. Andrômaca / Fedra
Racine

239. As Catilinárias
Cícero

240. Recordações da Casa dos Mortos
Dostoiévski

241. O Mercador de Veneza
William Shakespeare

242. A Filha do Capitão / A Dama de Espadas
Aleksandr Púchkin

243. Orgulho e Preconceito
Jane Austen

244. A Volta do Parafuso
Henry James

245. O Gaúcho
José de Alencar

246. Tristão e Isolda
Lenda Medieval Celta de Amor

247. Poemas Completos de Alberto Caeiro
Fernando Pessoa

248. Maiakósvski
Vida e Poesia

249. Sonetos
William Shakespeare

250. Poesia de Ricardo Reis
Fernando Pessoa

251. Papéis Avulsos
Machado de Assis

252. Contos Fluminenses
Machado de Assis

253. O Bobo
Alexandre Herculano

254. A Oração da Coroa
Demóstenes

255. O Castelo
Franz Kafka

256. O Trovejar do Silêncio
Joel S. Goldsmith

257. Alice na Casa dos Espelhos
Lewis Carrol

258. Miséria da Filosofia
Karl Marx

259. Júlio César
William Shakespeare

260. Antônio e Cleópatra
William Shakespeare

261. Filosofia da Arte
Huberto Rohden

262. A Alma Encantadora das Ruas
João do Rio

263. A Normalista
Adolfo Caminha

264. Pollyanna
Eleanor H. Porter

265. As Pupilas do Senhor Reitor
Júlio Diniz

266. As Primaveras
Casimiro de Abreu

267. Fundamentos do Direito
Léon Duguit

268. Discursos de Metafísica
G. W. Leibniz

269. Sociologia e Filosofia
Émile Durkheim

270. Cancioneiro
Fernando Pessoa

271. A Dama das Camélias
Alexandre Dumas (filho)

272. O Divórcio / As Bases da Fé / e outros textos
Rui Barbosa

273. Pollyanna Moça
Eleanor H. Porter

274. O 18 Brumário de Luís Bonaparte
Karl Marx

275. Teatro de Machado de Assis
Antologia

276. Cartas Persas
Montesquieu

277. Em Comunhão com Deus
Huberto Rohden

278. Razão e Sensibilidade
Jane Austen

279. Crônicas Selecionadas
Machado de Assis

280. Histórias da Meia-Noite
Machado de Assis

281. Cyrano de Bergerac
Edmond Rostand

282. O Maravilhoso Mágico de Oz
L. Frank Baum

283. Trocando Olhares
Florbela Espanca

284. O Pensamento Filosófico da Antiguidade
Huberto Rohden

285. Filosofia Contemporânea
Huberto Rohden

286. O Espírito da Filosofia Oriental
Huberto Rohden

287. A Pele do Lobo / O Badejo / o Dote
Artur Azevedo

288. Os Bruzundangas
Lima Barreto

289. A Pata da Gazela
José de Alencar

290. O Vale do Terror
Sir Arthur Conan Doyle

291. O Signo dos Quatro
Sir Arthur Conan Doyle

292. As Máscaras do Destino
Florbela Espanca

293. A Confissão de Lúcio
Mário de Sá-Carneiro

294. Falenas
Machado de Assis

295. O Uraguai / A Declamação Trágica
Basílio da Gama

296. Crisálidas
Machado de Assis

297. Americanas
Machado de Assis

298. A Carteira de Meu Tio
Joaquim Manuel de Macedo

299. Catecismo da Filosofia
Huberto Rohden

301. Rumo à Consciência Cósmica
Huberto Rohden

302. Cosmoterapia
Huberto Rohden

303. Bodas de Sangue
Federico García Lorca

304. Discurso da Servidão Voluntária
Étienne de La Boétie

305. Categorias
Aristóteles

306. Manon Lescaut
Abade Prévost

307. Teogonia / Trabalho e Dias
Hesíodo

308. As Vítimas-Algozes
Joaquim Manuel de Macedo

309. Persuasão
Jane Austen

310. Agostinho
Huberto Rohden

Série Ouro
(Livros com mais de 400 p.)

1. Leviatã
Thomas Hobbes

2. A Cidade Antiga
Fustel de Coulanges

3. Crítica da Razão Pura
Immanuel Kant

4. Confissões
Santo Agostinho

5. Os Sertões
Euclides da Cunha

6. Dicionário Filosófico
Voltaire

7. A Divina Comédia
Dante Alighieri

8. Ética Demonstrada à Maneira dos Geômetras
Baruch de Spinoza

9. Do Espírito das Leis
Montesquieu

10. O Primo Basílio
Eça de Queirós

11. O Crime do Padre Amaro
Eça de Queirós

12. Crime e Castigo
Dostoiévski

13. Fausto
Goethe

14. O Suicídio
Émile Durkheim

15. Odisséia
Homero

16. Paraíso Perdido
John Milton

17. Drácula
Bram Stocker

18. Ilíada
Homero

19. As Aventuras de Huckleberry Finn
Mark Twain

20. Paulo – O 13º Apóstolo
Ernest Renan

21. Eneida
Virgílio

22. Pensamentos
Blaise Pascal

23. A Origem das Espécies
Charles Darwin

24. Vida de Jesus
Ernest Renan

25. Moby Dick
Herman Melville

26. Os Irmãos Karamazovi
Dostoiévski

27. O Morro dos Ventos Uivantes
Emily Brontë

28. Vinte Mil Léguas Submarinas
Júlio Verne

29. Madame Bovary
Gustave Flaubert

30. O Vermelho e o Negro
Stendhal

31. Os Trabalhadores do Mar
Victor Hugo

32. A Vida dos Doze Césares
Suetônio

34. O Idiota
Dostoiévski

35. Paulo de Tarso
Huberto Rohden

36. O Peregrino
John Bunyan

37. As Profecias
Nostradamus

38. Novo Testamento
Huberto Rohden

39. O Corcunda de Notre Dame
Victor Hugo

40. Arte de Furtar
Anônimo do século XVII

41. Germinal
Émile Zola

42. Folhas de Relva
Walt Whitman

43. Ben-Hur — Uma História dos Tempos de Cristo
Lew Wallace

44. Os Maias
Eça de Queirós

45. O Livro da Mitologia
Thomas Bulfinch

46. Os Três Mosqueteiros
Alexandre Dumas

47. Poesia de Álvaro de Campos
Fernando Pessoa

48. Jesus Nazareno
Huberto Rohden

49. Grandes Esperanças
Charles Dickens

50. A Educação Sentimental
Gustave Flaubert

51. O Conde de Monte Cristo (Volume I)
Alexandre Dumas

52. O Conde de Monte Cristo (Volume II)
Alexandre Dumas

53. Os Miseráveis (Volume I)
Victor Hugo

54. Os Miseráveis (Volume II)
Victor Hugo

55. Dom Quixote de La Mancha (Volume I)
Miguel de Cervantes

56. Dom Quixote de La Mancha (Volume II)
Miguel de Cervantes

58. Contos Escolhidos
Artur Azevedo

59. As Aventuras de Robin Hood
Howard Pyle